가슴이 뻥 뚫리는
사이다 유머

가슴이 뻥 뚫리는
사이다 유머

Fun 유머연구회 엮음

| 들어가는 말 |

요즘처럼 웃을 일이 드물었던 시절이 또 있었을까.
아닌 밤중에 홍두깨처럼 불쑥 쳐들어온 코로나 19 바이러스로 너도나도 마스크에 가려져 거리에서 웃는 얼굴을 못 본 지가 어느덧 3년째다. 먹고사는 일에서는 영세 자영업자들의 비명 소리가 먼저 터져 나오고, 나라살림을 한다는 일에서는 불안하고 어수선한 발걸음 소리가 요란하다. 이렇게 쓸쓸하고 재미없는 지금의 세월을 우리는 살아가고 있다.
무엇보다 웃음이 필요하고 그리운 시대이다. 웃으면 웃을 일이 생긴다고 한다. 웃다 보면 봄이 온다고도 한다.
웃으면 얼굴이 펴지고 얼굴이 펴지면 인생이 펴진다. 낙하산과 얼굴은 활짝 펴져야 산다. 웃음은 암세포를 잡아먹는 NK세포와 엔도르핀을 증가시키고 맑은 혈액을 공급해 면역 기능을 강화하며 심장과 소화기관도 좋게 한다니, 건강에도 특효약이다.
이 책에서는 가능한 한 재미와 기지가 넘치는 동시에 덜 알려진 최신 유머를 다섯 가지 주제로 나누어 담았다.
'배꼽 잡는 유머'는 남녀노소 누구나 부담 없이 즐길 수 있는 유머를, '조금은 야한 유머'는 남녀관계나 성(性)문제 등 약간 낯이 붉어지는 유머를 주로 실었다. '재치 & 난센스 유머'는 문답(問答) 형식이나 난센스 퀴즈 그리고 단문(短文) 형식의 유머를, '세태 유머'는 세대 차이·정치판·코로나 19 같은 현재의 세상 모습을 반영한 유머를 골라보았다.

'읽는' 유머 외에 재미있는 간판이나 초등학생들의 기상천외한 답안지, 코로나 시대의 이색적인 마스크 같은 '보는' 유머도 사이사이에 집어넣었다. 눈 건강을 위한 작은 배려이자 재미를 배가하기 위한 일종의 조미료라고나 할까.

이 책의 사용법은 두 가지로 나눌 수 있을 것이다.

첫째, ① 재미있게 읽는다. ② 배를 잡고 웃는다. ③ 내용을 잊어버린다. ④ 다시 재미있게 읽는다. ⑤ 또 배를 잡고 웃는다.

둘째, ① 재미있게 읽는다. ② 배를 잡고 웃는다. ③ 내용을 기억하거나 메모해 둔다. ④ 사람들에게 이야기해 준다. ⑤ 같이 배를 잡고 웃는다.

어떤 방법을 선택하든지 독자 여러분의 자유에 맡긴다.

아무튼 이 책을 보고 많이 웃었으면 한다. 다시 말하지만 웃으면 웃을 일이 생긴다. 그리고 웃어야 웃을 일이 생긴다.

영국의 철학자 러셀은 말한다.

"웃음은 가장 값싸고 가장 효과 있는 만병통치약이다."

우리 다 함께 이 만병통치약을 먹어보자. ㅎㅎㅎ!

엮은이

차 례

숙제를 안 한 이유 · 37
사는 재미 · 38
네 엄마도 데려가라 · 38
네 아버지 맞아? · 38
너의 조물주는? · 39
할머니와 아가씨 · 39
경상도 아가씨의 미팅 · 40
옛 친구 · 40
부부 싸움 · 41
행운의 7번 · 41
경찰과 수박 장수 · 42
비유법 · 43
노총각의 비애 · 43
코끼리와 개미 · 44
뻔뻔한 이웃 · 44
운전 중에 벌어진 일 · 45
닭과 소의 대화 · 45
아내의 반격 · 48
불쌍한 여자 · 48
부 양 · 49
너도 내 나이가 되어 봐 · 49
차라리 새장가를 드세요 · 50
늙은 정도 · 51
남자에게 젖꼭지가 필요한 이유 · 52
처제가 웬일이야? · 52
소개팅 남자와 여자의 대화 · 53
당신이 참아야지 · 54

어느 부부의 대화 · 54
재치 있는 답변 · 55
애꾸의 고백 · 56
하느님 아버지 · 56
아내의 사진 · 57
결혼식 비용 · 57
기가 막혀서 · 58
아버지의 자리 · 58
예수님의 부활 · 59
할아버지와 할머니의 대화 · 59
맞선 자리 · 60
실제 은행 창구에서 벌어졌던 일화 · 61
대단한 건망증 · 62
전생에 왕이었나 보죠? · 62
연인의 방귀 · 63
할머니의 선택 · 63
미워하는 사람 · 64
복권 당첨 · 64
누나 있어? · 65
노인과 보청기 · 65
말하는 전자저울 · 66
고해성사 · 66
택시 요금 · 67
뇌물 먹은 정치인 · 67
부부 싸움 · 68
친구는 역시! · 68
성공한 투자 · 69

차 례

귀여운 할머니 · 69
개띠 동창 · 70
귀가 어두운 할머니 · 70
통장과 반장 · 71
건망증 환자 · 72
건망증 선생님 1 · 72
건망증 선생님 2 · 73
골프 약속 · 73
건망증 · 74
노부부의 건망증 · 74
건망증의 상황별 증상 · 74
치매 할머니와 치매 기사 · 77
유형별 치매 · 77
건망증과 치매 구분 방법 · 78
치매 부부 1 · 78
치매 부부 2 · 79
치매 걸린 남자 · 79
화장실 치매 시리즈 · 79
해고한 이유 · 80
똥개와 발바리 · 81
아들의 대답 · 81
그 아버지에 그 딸 · 82
큰 소리로 기도하는 이유 · 82
알고나 말해…… · 83
행복한 사람 · 83
맹인과 안내견 · 84
번데기 앞에서 주름잡기 · 84

메뚜기의 위기관리 · 85
남자의 재치 · 88
복 수 · 88
충청도식 계좌번호 · 89
주차 금지 · 89
전 보 · 90
면접생 · 90
누구 닮았니? · 90
성형수술 한 것을 후회할 때 · 91
약혼녀 집에 초대받은 청년 · 91
담보 있슈? · 92
빠른 거북이 · 93
하늘나라 식당 · 93
엄마와 아들 · 94
용서를 받으려면…… · 94
가장 낮은 신분 계급 · 95
엄마 닮은 여자 · 95
아버지 성함 · 96
나머지는 보살님이 하세요 · 96
엄마의 한마디 · 97
귀 어두운 부부 · 97
뱀이 술맛을 알면 · 97
외갓집과 친정과 처갓집 · 98
너, 나 알지? · 99
꾀 많은 김 일병 · 100
술버릇 · 100
식인종의 똥침 · 101

차 례

머리 좋은 남자 · 102
돈 남자와 결혼 · 103
물건 고르는 솜씨 · 103
아내는 노래 연습중 · 104
신부님과 스님 · 104
화장실에서 · 105
피장파장 · 105
소원대로 · 106
쯧쯧, 불쌍한 녀석…… · 106
아내 이름이? · 107
심오한 한자의 세계 · 107
먼저 돈부터 · 108
얼마인지 알아야 · 108
계급 차이 · 108
커피를 타다가 · 109
지금 어디야? · 109
개밥까지 먹었어 · 109
남편의 마음 · 110
여자들의 수다 · 110
유 언 · 111
한민족의 자존심 · 111
아저씨는 누구세요? · 112
어쩌다가 · 112
눈에는 눈, 이에는 이 · 113
인내심 좀 기르시지 · 113
이유가 뭘까? · 114
전교 1, 2등 · 114

급한 김에 · 114
무슨 꿍꿍이일까? · 115
솔직한 마음 · 115
습 관 · 118
엽기 의사 선생님 · 118
실 수 · 119
탈 출 · 119
난 알아요 · 120
엄마 도와주기 · 120
외부 음식 반입 금지 · 121
이 름 · 121
꼬마의 한마디 · 122
아버지와 아들 · 122
어머니와 딸 · 123
저속한 말 · 123
어느 교회 집사 부부 · 124
모전여전(母傳女傳) · 125
택시 운전 첫날 · 125
재치 있는 교장 선생님 · 126
베트남 전쟁 후유증 · 126
남편의 선물 · 127
아들의 호기심 · 127
술 취한 남자의 착각 · 127
일본 여성? · 128
깜찍한 유치원생 · 128
택시 기사와 부녀 · 129
행복을 깨달은 남자 · 130

차 례

낯익은 전화번호 · 130
특 종 · 131
미술 시간 · 131
무신론자와 무식한 사람의 차이 · 132
재치 만점 · 133
미국 다녀온 개구리 · 133
일거양득 · 134
불면증 · 134
강박 장애 · 135
농부와 팬티 · 135
술 취한 남자 · 136
결 점 · 136
뛰는 사람 위에 나는 사람 · 137
미련한 남자들의 장사 · 137
환자와 의사 · 138

결혼은 했지만…… · 138
우리 집에 아무도 없어 · 139
기억력 · 139
중국집 아들 시험 답변 · 140
장수(?)의 비결 · 141
꼬마 낙타 · 141
변호사의 허점 · 144
까다로운 고객 · 144
고정관념 · 145
할아버지와 손자 · 146
부서 회식 자리에서 · 146
공처가의 항변 · 147
아내의 시력 · 147
졸부의 아내 자랑 · 148
부부 문제 상담소 · 148

조금은 야한 유머

꼬마와 여선생 · 151
이상한 집 · 152
일본인 여비서 · 152
단단한 놈 · 153
수상한 손님 · 154
끝까지 들어봐! · 154
코가 큰 사위 · 155
네 자매의 첫날밤 · 156
우리 마누라처럼은 못할걸? · 156
침실의 조각상 · 157
남자와 여자의 생각 차이 · 158
거시기 크기 자랑 · 159
수많은 밤을 보내고 · 159
3만 원짜리 · 160
엽기 맞선 · 161
짐승만도 못한 놈 · 161
왜 자꾸 더듬어요? · 162
열쇠 구멍 · 162
할머니의 유혹 · 163
제비와 꽃뱀 · 164
어른들의 비밀 · 164
패션 도우미 구인 광고 · 165
걸레와 능력의 차이 · 166
여자 택시 기사 · 166
여탕에서 벌어진 일 · 167
술 마시는 이유 · 167
어떤 공 가지고 노세요? · 168

성 매매 · 168
관계 후 여자들의 지역별 반응 · 169
바람난 개 · 169
아내와 휴대폰 · 170
발은 왜 그리 크대유? · 170
도인(道人) · 171
첫사랑의 선물 · 171
체육 교사의 실수 · 172
신부와 콩 한 개 · 172
금슬 좋은 부부 · 173
와이프와 와이파이 · 174
며느리 대(對) 시어머니 · 174
좁은데 욕봤다 · 175
기막힌 식당 메뉴 · 175
그것도 몰라유? · 176
콘 돔 · 176
신혼부부의 식탁 · 177
망보고 있잖아요 · 177
책 임 · 178
교복 입은 마누라 · 179
치 료 · 179
확인은 해봐야지 · 181
앵콜! 앵콜! · 181
아내의 생일 케이크 · 184
요염한 여자의 대답 · 184
밤일과 낮일 · 185
남자 팬티 · 185

차 례

첫날밤에 · 186
이것이 털이다 · 186
잠이 많은 며느리 · 187
어느 막장 부부 · 188
할머니 신났다 · 189
6만 번에 한 번 · 189
엄마 아빠 놀이 · 190
의부증 · 190
빨랫감 · 191
죽게 된 사연 · 192
세상에 믿을 놈 없다 · 192
오토바이 타는 남자 · 193
어린 딸의 기도 · 193
바나나 · 194
시 합 · 195

입이 무거운 여자 · 195
많이 부었어요 · 196
심 판 · 196
젖소와 엄마 · 197
지구 최후의 날 · 198
똑같은 질문 · 198
우리나라 성교육의 문제점 · 198
하이힐 한 짝 · 199
동서나 조심하쇼! · 199
준비되어 있는 남편 · 200
누가 더 무거울까? · 201
고추 소동 · 202
인공지능 로봇 · 202
고래 잡은 오빠 · 203
입장 바꿔 생각을 해봐 · 204

차 례

재치 & 난센스 유머

살다 보면 이럴 때가 있다 · 207
무식한 사람 시리즈 · 208
충청도 말이 느리다고요? · 209
들어도 기분 나쁜 칭찬 · 210
궁금하다 · 211
나라 이름 유머 · 212
나라별 유명한 이름 유머 · 213
거짓말 시리즈 · 214
우리나라 도시 이름 유머 · 214
단어의 뜻에 관한 난센스 퀴즈 · 215
남자, 여자에 관한 난센스 퀴즈 · 218
줄임말 난센스 퀴즈 · 220
난센스 퀴즈 백과사전 · 221
산토끼의 반대말 · 229
말[馬] 유머 · 229
남자들이란…… · 232
남편이란 존재 · 232
남자를 불에 비유하면? · 232

아내가 두려울 때 · 233
이래야 멋진 남편 · 233
남편의 종류 · 234
하기 어려운 일들 · 234
성공한 인생이란? · 235
끼니 수에 따른 남편의 호칭 · 236
여자를 오리에 비유하면? · 236
한글 띄어쓰기의 중요성 · 236
노년에 생기는 질환 · 237
아들의 등급 · 237
애인 버전 · 238
초급, 중급, 고급 · 238
초등학생 답안지 · 239
예술과 외설의 차이 · 240
가장 맛있는 집 · 241
한문 시간 · 241
파리와 모기의 차이점 · 241

차 례

세태 유머

결혼기념일 · 249
늙은 게 더 좋아 · 249
경찰의 애원 · 250
당돌한 여학생 · 250
걸인과 정치인의 공통점 · 251
국회의원과 마누라 · 251
버르장머리 없는 아들 · 252
남편과 대통령의 공통점 · 253
코로나 시대와 방귀 · 254
믿을 사람이 따로 있지 · 254
우야몬 좋노? · 255
대학 나온 며느리 · 256
할머니의 한숨 · 257
부부 행복법 · 257
긴급 속보 (코로나 예방 수칙) · 258
진료를 받아야 할 때 · 259
코로나 시대를 사는 부부의 고백 · 259
까불지 마라, 웃기지 마라 · 260
개와 닭의 대화 · 261
정신 나간 여자 셋 · 261
상사병 · 262
조폭과 아줌마의 공통점 · 262
국민학생과 초등학생의 차이 · 262
아내의 속마음 · 264
아내에게 맞은 이유 · 265
40대 주부 · 265
남편이 불쌍하다고 느껴졌을 때 · 266

사위 시험을 본 장모 · 266
아이와 정치인 · 267
악 몽 · 268
빌려준 돈 받는 법 · 268
처방전 · 269
부부의 잠자리 모습 · 269
화장의 세대론 · 270
늙어서 필요한 것 · 270
한국 비둘기의 어제와 오늘 · 270
지하철 좌석의 정원 · 271
모기의 식중독 · 271
남자의 노화지수 · 272
선배와 꼰대의 차이 · 272
사기의 특성 · 272
미래의 정치인 · 273
치매 예방에 좋은 퀴즈 셋 · 273
대통령과 정신병원 · 274
흠 있는 유일한 곳 · 274
인 질 · 275
대단한 정치인 · 275
개와 국회의원의 공통점 · 276
한 정치인의 영어시험 답안지 · 276
명 변호사 · 277
번지수가 틀렸어요 · 278
재산 분배 · 278
대통령 우표 · 278
한국인 관광객 · 279

이 혼

주례자가 물었다.
"신랑은 검은 머리가 파뿌리 되도록 영원히 신부를 사랑하겠는가?"
신랑은 "네."라고 대답했다.
주례자는 신부에게도 같은 대답을 시켰다.
둘은 석 달 후에 하얗게 머리를 염색하고 이혼했다.

말 많은 마누라

"당신 마누라가 가장 말이 적을 때는 언제인가?"
"2월."
"왜?"
"28일밖에 안 되니까."

맹인의 눈

부부가 해변에서 산책하고 있을 때 그 앞을 예쁜 아가씨가 지나가자, 남편이 지체 않고 말했다.
"저 아가씨 코가 참 예쁘네. 당신 코와 바꾸었으면 좋겠어."
조금 후 또 다른 예쁜 아가씨가 지나가자, 다시 말했다.
"저 아가씨 입이 참 예쁘다. 당신 입하고 바꾸었으면 좋겠다."
이번에는 맹인이 지나가자, 아내가 얼른 말했다.
"저 맹인 눈을 당신 눈과 바꾸었으면 좋겠네요."

노숙자와 아가씨

한 아가씨가 낮술을 먹고 어지러워 공원 의자에 앉았다.
주위에 아무도 없는 것을 확인한 후, 아가씨는 하이힐을 벗고 의자 위로 올라가 다리를 쭉 펴고 잠을 청했다.
잠시 후, 한 노숙자가 아가씨에게 어슬렁거리며 다가오더니 말을 걸었다.
"이봐, 아가씨! 나하고 연애할까?"
깜짝 놀라 잠이 달아난 아가씨가 노숙자를 째려보며 말했다.
"어떻게 감히 나한테 그런 말을 할 수 있죠?"
아가씨는 화가 나는지 목소리를 높여가며 계속 따졌다.
"이봐요! 나는 당신 같은 사람이 접근할 수 있는 그런 싸구려 연애 상대가 아니에요!"

그러자 노숙자는 눈을 꿈쩍도 하지 않고 아가씨에게 말했다.
"그럴 마음도 없으면서, 왜 내 침대에 올라가 있는 거야."

노부부와 파리들

어느 노부부가 살았다. 어느 날 남편이 외출했다가 돌아오자, 아내가 말했다.
"오늘 수놈 파리 두 마리와 암놈 파리 세 마리를 잡았어요."
"아니, 당신이 어떻게 파리의 암놈과 수놈을 구분해?"
그러자 이렇게 말하는 것이 아닌가!
"두 마리는 맥주병 위에서 잡고, 세 마리는 전화기 위에서 잡았거든요."

재치 있는 복수

재치 있는 남자가 새벽 4시에 울리는 전화벨 소리에 잠이 깼다.
"당신네 개가 밤새도록 짖어서 한잠도 못 잤소."
재치 있는 남자는 전화해 줘서 고맙다고 인사한 후, 전화 건 사람의 전화번호를 물었다.
다음 날 새벽 4시가 되자, 재치 있는 남자가 어제 전화를 한 이웃 사람에게 전화를 걸어서 말했다.
"선생님, 저희 집에는 개가 없습니다."

삐뚤빼뚤한 이

이가 삐뚤빼뚤해 친구들의 놀림을 받던 아이가 말했다
"엄마, 이 교정해 줘. 이가 이상하다고 아이들이 놀려요."
"얘, 그거 너무 비싸."
"다 엄마 때문이야! 엄마가 날 이렇게 낳았잖아."
"아냐! 내가 널 낳을 땐 이빨이 없었거든."

왜 자꾸 주는 겁니까?

마을버스 기사가 운전을 하며 해가 기울어가는 시골길을 달리고 있었다. 그때 뒷자리에서 이야기를 나누던 동네 할머니가 어깨를 툭툭 쳤다.
기사가 "네?" 하고 대답하니까, 할머니가 "이거 먹어." 하면서 아몬드를 한 주먹 건네주었다.
기사는 고맙다고 인사한 후 아몬드를 먹으면서 운전을 했다. 그런데 할머니가 또 어깨를 치면서 아몬드 한 주먹을 또 주었다.
감사하다고 말하고 계속 가는데, 한참 후에 또 아몬드를 주는 것이 아닌가. 기사가 물었다.
"감사합니다만, 왜 자꾸 아몬드를 주시는 겁니까?"
"우린 이가 약해서 씹을 수가 없어."
"그런데 왜 사셨어요?"
"그래서 초콜릿만 빨아먹고 아몬드는 자넬 주는 거지."

스님과 학생

스님이 어느 날 목욕탕에 갔는데, 안에는 남학생만 한 명 있었다. 스님은 목욕을 하다가 등을 밀어줄 사람이 남학생밖에 없자, 그 학생을 돌아보며 말했다.
"얘, 내 등 좀 밀어주겠니?"
남학생은 귀찮았지만 등을 밀어준 다음 물었다.
"그런데 누구세요?"
스님이 대답했다.
"나 중이야."
이 말에 남학생이 스님의 머리를 철썩 때리면서 말했다.
"나는 중3이야, 짜샤!"

빈 대

나그네가 싸구려 객줏집에 들어가 하룻밤을 묵으려 하니 빈대 한 마리가 있었다.
"아이고, 여기 빈대가 있군."
"걱정하실 것 없습니다. 이 빈대는 죽은 것입니다."
나그네는 할 수 없이 그 방에 묵기로 했다.
이튿날 아침에 주인이 물었다.
"안녕히 주무셨습니까? 빈대는 확실히 죽은 것이었죠?"
"음, 확실히 죽은 것이더군. 하지만 문상객이 굉장히 많더군."

잠자는 공주

어느 나라 공주가 잠자는 마법에 걸렸는데, 그 소문을 들은 이웃 나라의 왕자가 자신이 공주를 깨워보겠다고 나섰다.
"오, 정말 아름다운 공주군. 공주, 어서 눈을 뜨시오!"
그러고는 공주의 이마에 뽀뽀를 했다.
잠시 후 눈을 뜬 공주가 왕자의 얼굴을 보자마자 소리쳤다.
"여봐라! 어서 빨리 수면제를 가지고 오너라!"

첫 수업

한 여고에 총각 선생님이 부임했다.
선생님은 짓궂은 여학생들의 소문을 익히 들은지라 이발도 하고 옷도 깔끔하게 챙겨 입는 등 최대한 신경을 쓰고 첫 수업에 들어갔다.
그런데 교실에 들어서자마자 여학생들이 깔깔거리며 웃는 것이 아닌가.
"학생들, 왜 웃어요?"
"선생님, 문이 열렸어요."
선생님은 '나뭇잎이 굴러가도 까르르 웃는 나이지.'라고 생각하며 점잖게 말했다.
"맨 앞에 앉은 학생, 나와서 문 닫아요."

망사 지갑

서울서 온 신혼부부와 경상도 토박이 신혼부부가 같은 관광지를 여행하고 있었다.
두 부부가 우연히 지갑 파는 곳에 들렀는데, 망사 지갑을 보고 서울 아내가 말했다.
"자기야, 요새 이 지갑이 유행이래. 나도 이거 사줘!"
그러자 서울 남편이 웃으며 대답했다.
"알았어. 당신이 원한다면 뭐든 사줘야지."
그 모습을 본 경상도 아내가 슬며시 질투가 나서 남편에게 말했다.
"보이소, 지도 망사 지갑 한 개 사주이소."
그러자 경상도 남편이 말했다.
"와? 돈이 덥다 카드나?"

필요한 팬티의 숫자

손오공이 속옷 가게에 가서 점원에게 말했다.
손오공: 누나, 팬티 일곱 장 주세요.
점원: 어머! 오공이는 돈이 많은가 봐.
손오공: 월 화 수 목 금 토 일, 하루에 하나씩 갈아입으려고요.
점원: 오공이는 정말 위생관념이 대단하구나.
잠시 후 저팔계가 들어와서 말했다.

저팔계: 누나, 팬티 석 장만 주세요.
　　점원: 아까 오공이는 일곱 장 사갔는데, 석 장만 사?
　　저팔계: 네, 이틀에 한 번씩 갈아입으려고요.
　　이번에는 사오정이 들어와서 말했다.
　　사오정: 누나! 팬티 넉 장만 주세요.
　　점원: 어머 오정아, 그래도 네가 팔계보다는 깨끗하구나. 한 장 더 사가는 걸 보니까.
　　그러자 사오정이 당연하다는 듯 이렇게 말했다.
　　사오정: 봄 여름 가을 겨울, 철마다 갈아입어야죠.

고래의 의리

　　어느 날 멸치가 집으로 가던 도중에 문어와 서로 어깨를 부딪쳤다. 문어가 "이 자식이!" 하며 멸치를 두들겨 팼다.
　　억울했던 멸치는 친구인 고래에게 가서 자신이 당한 일을 말했다. 그러자 화가 난 고래가 멸치의 복수를 하려고 다음 날 일찌감치 같은 장소에 가서 기다렸다.
　　그때 마침 오징어가 멀리서 오고 있었다. 고래는 단숨에 달려가 오징어를 때리기 시작했다.
　　이유 없이 얻어맞던 오징어가 물었다.
　　"왜 때려?"
　　그러자 고래가 오징어에게 인상을 쓰며 말했다.
　　"야! 인마, 모자 안 벗어?"

내 품속의 아내

한 남자가 술집에 들어와 혼자 마시기 시작했다.
한 잔, 두 잔, 석 잔……. 홀짝홀짝 마시는데, 마실 때마다 윗도리를 제치고 품속을 들여다보는 것이었다.
궁금해진 바텐더가 물었다.
"속주머니에 뭐 소중한 거라도 들었나요?"
"네, 아내 사진이 들어 있어요."
술 마실 때도 아내가 보고 싶다니……. 바텐더는 감동했다.
그런데 계속해서 이어지는 남자의 말.
"아내가 예뻐 보이면, 그때가 취한 거거든요. 그러면 그때 그만 마시려고요."

현명한 아내

여자 손님이 물건들을 계산대로 가져가자, 점원이 계산하고 나서 물었다.
"현찰로 하시겠어요, 카드로 하시겠어요?"
여자가 지갑을 꺼내려고 핸드백을 열었는데, 그 안에 텔레비전의 리모컨이 들어 있는 것이 눈에 띄었다. 점원이 물었다.
"텔레비전 리모컨을 늘 핸드백 안에 가지고 다니시나요?"
"아니에요, 남편이 쇼핑에 따라나서 주지 않을 때만요. 이렇게 하는 게 골탕 먹이는 제일 좋은 방법이거든요."

내가 아니야!

저녁 무렵 약국에 한 남자가 들어와서 다급하게 말했다.
"딸꾹질 멎게 하는 약 좀 주세요."
약사는 "네, 잠시만 기다리세요." 하고 약을 찾는 척 하더니 냅다 남자의 등짝을 손바닥으로 내리쳤다. 그리곤 "어때요, 멎었죠? 하하하!" 하고 히죽거렸다.
그러자 그 남자가 약사를 째려보면서 말했다.
"내가 아니고 우리 마누라인데요……."

여자의 질투심

아내가 남편에게 물었다.
"자기, 결혼 전에 사귀던 여자 있었어? 솔직히 말해 봐, 응?"
"응, 있었어."
"정말? 사랑했어?"
"응, 뜨겁게 사랑했어."
"뽀뽀도 해봤어?"
"해봤지."
아내는 마침내 열이 뻗쳤다.
"지금도 그 여자 사랑해?"
"그럼 사랑하지. 첫사랑인데……."
완전히 뚜껑이 열린 아내가 소리를 빽 질렀다.

"그럼 그년하고 결혼하지 그랬어! 엉?"
그러자 남편 왈.
"그래서 그년하고 결혼했잖아."

줄 서시오!

한 남자가 길을 가다가 장례식 행렬을 보았다.
선두에서 상주로 보이는 남자가 개 한 마리를 끌고 가고 있었고, 뒤에는 많은 사람들이 줄을 지어 그를 따르고 있었다.
"누가 돌아가셨나요?"
"우리 마누라가 죽었소."
"저…… 근데 이 개는 뭐죠?"
"이 개가 우리 마누라를 물어 죽였소."
"네? ……혹시 그 개를 빌려줄 순 없나요?"
상주가 대답했다.
"그럼 저기 뒤에 가서 줄을 서시오!"

노름 좋아하는 여자

카드놀이를 좋아하는 여자가 있었다. 이 여자는 한 달에 꼭 한 번씩은 밤늦게까지 노름을 하곤 했다.
그런데 새벽 1시쯤에야 집에 오다 보니, 곤히 자던 남편이 잠에서 깨는 것이 못내 미안했다.
 그래서 남편이 깨지 않게 조심해야겠다고 마음먹고, 아이디어를 하나 생각해 냈다.
 얼마 후 역시 노름을 하고 늦게 돌아온 어느 날, 그녀는 거실에서 옷을 홀랑 다 벗고는 팔에 핸드백만 걸친 채 알몸으로 살며시 침실로 들어갔다.
 하지만 그날따라 자지 않고 책을 읽고 있던 남편이 가관인 아내의 모습을 보고서 냅다 소리쳤다.
 "에라~ 이 여편네야, 꼴좋다! 그래, 오늘은 속옷까지 몽땅 털려 버렸냐?"

목사님의 설교

 목사님이 열심히 설교를 하고 있었다.
 최선을 다해 말씀을 전하고 있는데, 꾸벅꾸벅 졸고 있는 청년 한 사람이 눈에 띄었다.
 이와 반대로 청년 옆자리에 앉은 할머니는 눈을 또롱또롱 뜨고 열심히 설교를 듣고 있었다.
 순간적으로 짜증이 난 목사님이 버럭 소리를 질렀다.
 "할머니! 그 청년 좀 깨워요!"
 청년이 야단을 맞아야 하는데, 애꿎은 할머니가 대신 야단을 맞고 만 것이다. 그러자 그 할머니가 이렇게 대꾸했다.
 "재우긴 지가 재워놓고, 왜 나더러 깨우라고 난리여!"

이를 어째!

만득이가 몸이 안 좋아서 병원에 갔다.
의사는 이런저런 진찰을 한 다음 검사용 소변을 받아 오라고 했다. 검사 결과가 다음 날 나온다는 말을 듣고, 만득이는 병원 문을 나섰다.
그런데 사고가 일어났다. 간호사가 실수를 하여 만득이의 소변을 그만 엎지르고 만 것이다. 난감해진 간호사는 망설이다가 옆에 있는 다른 검사용 소변의 반을 나누어서 만득이의 소변 검사 용기에 담았다.
다음 날 만득이가 검사 결과를 확인하러 병원에 갔더니, 의사가 검사 결과와 만득이를 번갈아 쳐다보기만 했다.
겁이 덜컥 난 만득이가 물었다.
"무슨 큰 병에라도 걸렸나요?"
"의사 생활 20년 동안 이런 일은 처음입니다."
"네? 어떻게 나왔는데요?"
"당신, 지금 임신 상태입니다."

머리 좋은 죄수

외부와 오가는 모든 편지는 검열을 받는 어느 교도소에서 한 죄수가 아내의 편지를 받았다.
'당신이 없으니 너무 힘들어요. 텃밭에 감자를 심고 싶은데

일할 사람이 없어요.'
 아내의 편지를 받고 죄수는 이렇게 답장을 보냈다.
 '여보, 우리 집 텃밭은 어떤 일이 있더라도 파면 안 돼요. 거기에 내가 총과 금궤를 묻어놓았기 때문이오.'
 며칠 후 아내에게서 편지가 왔다.
 '여보, 큰일 났어요. 수사관들이 여섯 명이나 들이닥치더니 다짜고짜 우리 텃밭을 구석구석 파헤쳐놓았어요.'
 죄수는 즉시 답장을 써 보냈다.
 '그럼 됐소! 얼른 감자를 심어요.'

할머니들의 자식 자랑

 네 명의 할머니가 자식 자랑으로 열을 올리고 있었다.
 할머니 1: 울 아들은 교회 목사라우. 남들은 울 아들더러 '오~, 고귀한 분'이라고 한다우.
 할머니 2: 그려? 울 아들은 추기경인디. 남들은 울 아들더러 '거룩한 분'이라고 그런다야.
 할머니 3: 워매~! 울 아들은 교황이지라. 남들은 내 자식더러 '오오~, 고결하고 성스러운 분!' 그런당께롱. 이젠 더 이상 높은 사람 없지라? 푸하하하!
 할머니 4: 이걸 우짜노! 울 아들은 숏다리에 곰보에다 뚱보이기까지 한기라. 그래두 남들은 울 아들을 보면 한결같이 '오, 마이 갓(oh, my god!)' 허는디?

똥 차

성질이 급하고 불평불만이 많은 사나이가 마을버스를 탔다.
그런데 마을버스가 떠나지 않고 계속 정차해 있자, "왜 안 떠나는 거야?" 하고 소리를 쳤다.
그래도 떠나지 않자, 참다못한 그 사나이가 운전기사를 향해 다시 소리를 질렀다.
"이봐요! 이 똥차 언제 떠나요?"
그 말을 들은 운전기사가 눈을 지그시 감은 채 나직한 음성으로 입을 열었다.
"네, 똥이 다 차면 떠납니다."

등대지기

한 외딴 섬의 등대에 남자 등대지기가 홀로 살고 있었다.
어느 날 우편집배원이 우편물을 배달하러 등대지기를 찾았다.
집배원은 한 명 때문에 섬을 찾은 것에 짜증을 내며 불평을 늘어놓았다.
"기껏 월간 잡지 하나 배달하느라, 배를 타고 꼬박 하루 걸려 이 섬에 도착했소. 이 점에 대해 어떻게 생각해요?"
그러자 기분이 상한 등대지기가 한마디 했다.
"당신 자꾸 투덜거리면 일간신문 구독할 거야."

착한 남편

어느 날, 한 여성이 시퍼렇게 멍든 눈으로 이혼 담당 변호사를 찾아왔다.
"남편이 이렇게 했는데, 어떻게 해야 하죠?"
"맞기 전에 무슨 말이나 행동을 했나요?"
그러자 여자는 화가 덜 풀린 듯 씩씩거리며 말했다.
"제가 이렇게 말했어요. '그래 잘났다. 곧 죽어도 사내라고~. 당신이 해준 게 뭐가 있다고 그래! 때려 봐! 아예 죽여라! 꼴에 자존심은 있어서 때리지도 못하지?' 그랬죠."
그 얘기를 들은 변호사는 잠시 고민하다가 이렇게 한마디 툭 던졌다.
"그래도 남편이 착한 분이네요. 죽이라고 했는데 이 정도로 끝냈으니 말입니다."

착한 곰

어느 산에 아주 착한 곰이 살았습니다.
그러던 어느 날, 한 나그네가 숲속을 걸어가다 저쪽에서 곰이 다가오는 것을 발견했습니다.
나그네는 동화책에서 보던 대로 죽은 척했답니다.
그런데, 그런데…… 너무너무 착한 이 곰은 그만 나그네를 정성껏 땅에 묻어주었답니다.

깡통 걷어차는 거지

어느 거지가 길거리에서 깡통을 요란하게 걷어차며 걸어가고 있었다.
그 모습을 본 경찰이 거지에게 다가와 말했다.
"이봐요. 여기가 당신 혼자 사는 동네요? 이렇게 시끄럽게 깡통을 차고 다니면 어떡합니까?"
그러자 거지가 구시렁거리면서 말했다.
"저는 지금 이삿짐을 옮기는 중인데요?"

아빠인가?

초등학교 3학년 어린이들에게 문제를 냈다.
'술에 취해 거리에서 큰 소리를 지르거나 노래를 부르는 것.'을 사자성어로 무엇이라고 하는가?
어려울 듯싶어서 맨 뒤의 '가'는 알려주었다.
'(　)(　)(　)(가)'
아이들의 답이 제각각이었다.
'고음불가'
'이럴수가'
'미친건가'
그런데 한 아이의 답에 모두가 뒤집어지고 말았다.
'아빠인가'

아이의 숫자

아이가 셋인 남자와 아이가 다섯인 여자가 재혼을 했다. 그 후 두 사람 사이에는 아이 셋이 더 생겼다.
막내아이가 초등학교에 입학한 날 담임교사가 질문을 했다.
"선생님한테 가족 소개 좀 해주겠니?"
아이가 이렇게 대답했다.
"우리 엄마는 아이가 여덟이구요, 우리 아빠는 여섯이에요. 그런데 우리 형제는 모두 열하나밖에 안 돼요."

사망 신고

순진한 정석이가 공무원 시험에 합격하여, 주민 센터에 첫 출근한 날이었다.
점심시간에 혼자 자리를 지키게 되었는데, 한 아주머니께서 들어오셔서 물었다.
"저, 사망 신고를 하러 왔는데요."
정석이는 처음 대하는 민원인이라 잘하자는 마음에서 잔뜩 긴장하여 응대했다.
"본인이세요?"
사망 신고를 하러 온 아주머니는 당황하여 잠시 말을 잃었다가, 이윽고 순진한 정석이에게 물었다.
"본인이 직접 와야 하나요?"

구두 한 짝

위층에 사는 사람은 늦게 귀가하는 날이면 구두를 집어던지는 버릇이 있었다. 아래층에 사는 남자는 그 소음 때문에 잠을 설치곤 했기에 하루는 찾아가서 항의를 했다.
"구두를 벗으면 바닥에 제발 조용히 내려놓아 주세요. 당신 때문에 겨우 들었던 잠을 몇 번이나 깬 줄 아십니까?"
위층 남자는 미안하다고 사과하고 다음부터는 조심하겠다고 약속했다.
그러나 바로 그날 밤 또 늦게 귀가한 위층 남자는 약속을 깜빡 잊고 습관대로 구두 한 짝을 벗어 바닥에 집어던졌다. 그러고 나서 이내 아래층 남자가 찾아왔던 일이 퍼뜩 떠올랐다. 그래서 위층 남자는 나머지 구두 한 짝은 조용하게 벗었다.
그런데 다음 날 새벽에 아래층 남자가 올라와 문을 두드렸다.
"아니, 구두 한 짝은 신은 채 잤어요? 한 짝을 언제 벗을지 몰라 밤새 잠을 못 잤단 말예요!"

숙제를 안 한 이유

선생님이 세계지도 그리기 숙제를 안 해온 철이에게 물었다.
"선생님이 꼭 해오라고 말했는데, 안 한 이유가 뭐니?"
철이가 머뭇거리지 않고 대답했다.
"제가 세계지도를 그리면 지구의 모습이 달라질 것 같아서요."

사는 재미

"나 오늘부터는 술도 끊고, 담배도 끊을 거야. 그리고 앞으로는 바람도 절대 안 피우기로 했어."
"정말? 그럼 자네는 오늘부터 무슨 재미로 사나?"
"그거야 거짓말하는 재미로 살지."

네 엄마도 데려가라

아버지가 큰딸을 불러 말했다.
"어제 네 남자 친구가 너랑 결혼하고 싶다더구나. 난 그 정도 청년이면 만족한다. 네 생각은 어떠냐?"
"하지만 아빠! 전 엄마를 두고 시집가는 게 너무 괴로워요."
그러자 아버지가 희망에 부푼 눈빛으로 말했다.
"그래? 그럼 네 엄마도 함께 데리고 가면 안 되겠니?"

네 아버지 맞아?

어느 장례식장의 영결식에서 목사가 고인을 위한 추모사를 하고 있었다.
"고인은 생전에 근면 성실하고 가정적인 남편이자 아버지로서 타의 모범이 되었으며……."

그러자 고인인 바람둥이 남편 때문에 평생 속을 썩었던 부인이 옆자리의 아들에게 귓속말로 속삭였다.
"얘야! 가서 관 속에 있는 사람이 정말 네 아버지인지 확인하고 오너라."

너의 조물주는?

A: 내가 정말 못생겼어?
B: 신께선 아무도 추하게 만들지 않으셨어. 그런데 도대체 넌 누가 만든 거니?

할머니와 아가씨

지하철에서 날씬하고 키가 큰 아가씨가 배꼽티를 입고 노약자석 앞에 서 있었다.
그런데 노약자석에 앉아 있는 할머니가 별안간 아가씨의 배꼽티를 밑으로 끌어내리기 시작했다. 아가씨가 크게 당황했다.
"할머니, 왜 그러세요!"
하지만 할머니는 계속 배꼽티를 끌어내리면서, 온화하고 따뜻한 미소와 함께 한마디 했다.
"아이고, 착해라! 동생 옷도 물려 입고……. 요즘 이런 아가씨가 어디 있을까?"

경상도 아가씨의 미팅

서울 남자와 경상도 여자가 첫 데이트를 하게 되었다.
갑자기 날씨가 쌀쌀해지자, 경상도 여자는 서울 남자가 겉옷을 벗어 걸쳐주길 기대하면서 애교 섞인 말투로 말했다.
"춥지예?"
"안 춥습니다!"
예상 밖의 반응에 경상도 여자는 약간 당황했지만, 자신의 몸을 슬쩍 움츠리며 다시 말했다.
"마…… 춥지예?"
"안 춥습니다!"
경상도 여자는 화가 났지만 한 번만 더 해보자 싶어 자신의 양팔을 문지르며 재차 물었다.
"참말로 안 춥습니꺼?"
"네, 안 춥습니다!"
더 이상은 참을 수 없었던 경상도 여자가 토하듯 말했다.
"지랄한다, 주디가 시퍼렇구마는!"

옛 친구

유명한 배우가 스케줄 때문에 어쩔 수 없이 변두리의 지저분한 식당에서 식사를 하게 되었다.
그런데 과거에 같은 연기학원에서 몇 번인가 함께 무대에 오른

적이 있었던 옛 친구가 거기서 접시를 나르고 있었다.
유명한 배우가 깜짝 놀라 말했다.
"아니, 자네가 이렇게 지저분한 식당에서 일을 하다니?"
그러자 그가 태연하게 말했다.
"하지만 나는 여기서 식사를 하진 않는다네."

부부 싸움

매우 슬퍼 보이는 한 남자가 술집에서 혼자 술을 마시고 있었다. 그는 아무 말도 없이 술만 계속 마셨다.
궁금해진 마담이 "무슨 일 있어요?"라고 말을 건넸다.
그러자 남자가 한숨을 내쉬며 힘없이 말했다.
"집사람과 좀 다퉜습니다. 그리고는 한 달 동안 서로 말을 하지 말자고 약속했어요. 그런데 그 평화롭던 한 달이 오늘로서 끝나거든요."

행운의 7번

한 남자가 꿈을 꾸다가 잠에서 깨어났다.
꿈의 내용 중 분명히 생각나는 것은 숫자 '7'이었다.
달력을 보니 그날이 7월 7일이었고, 시간은 7시 7분이었다.
"이것은 나에게 행운을 안겨주려는 신의 계시야!"

남자는 전 재산을 들고 집 앞 버스 정류장으로 갔다. 그런데 마침 777번 버스가 오는 게 아닌가.

"정말 신께서 나에게 큰 행운을 주시려나 보다!"

무작정 버스에 올라 7번째 정류장에서 내렸다. 그곳은 다름 아닌 경마장이었다.

그는 확신에 차서 7번 말에 전 재산을 걸었다.

"이제 진짜 내 인생이 열리는 거야!"

마침내 경마가 끝났고, 남자는 기절하고 말았다.

7번 말은 7등이었다.

경찰과 수박 장수

수박 장수가 신호를 무시하고 트럭을 운전하다가 경찰차를 만났다.

수박 장수는 우선 튀고 보자는 생각으로 뒤에서 바짝 쫓아오는 경찰차를 흘끔거리며 트럭을 몰고 골목으로 들어갔다.

이리저리 빠져나가 보았지만 수박 장수는 막다른 골목에 다다라 결국 트럭을 멈출 수밖에 없었다. 그런데 경찰차도 끝까지 열심히 따라온 것이었다.

수박 장수가 어쩔 도리 없이 차에서 내리자, 동시에 경찰관들도 차에서 내렸다.

그리고 경찰관들이 다가오며 말했다.

"에이 씨, 정말 수박 하나 사 먹기 더럽게 힘드네."

비유법

초등학교의 여교사가 국어 시간이 되자 학생들에게 비유법에 대해 설명했다.

"비유법은 말하려고 하는 대상을 그것과 비슷한 다른 대상에 빗대어 표현하는 수사법이에요. 쉬운 예를 들면 '우리 담임 선생님은 대한 외국인에 나오는 안젤리나처럼 예쁘다.'가 바로 비유법이에요."

그러자 한 학생이 손을 번쩍 들고 말했다.

"선생님, 그것은 과장법인데요!"

노총각의 비애

노총각이 슈퍼마켓에서 다음과 같은 물건을 구매했다.

비누 1개, 칫솔 1개, 치약 1개, 빵 1개, 우유 1개, 라면 1개, 즉석 밥 1개, 봉지 포장 김치 1개…….

카운터의 아가씨가 물건 값을 계산하며 그에게 물었다.

"혼자 사시는 거 맞죠?"

자기가 산 물건들을 보고 짐작했으려니 생각하고 남자가 웃으면서 물었다.

"어떻게 아셨어요?"

여자 계산원이 냉큼 대답했다.

"못생기셔서요."

코끼리와 개미

거대한 몸집의 코끼리가 낮잠을 자고 있었는데, 개미가 등산을 한답시고 배낭을 메고 코끼리 배 위로 올라갔다.
그 바람에 잠에서 깬 코끼리가 개미에게 말했다.
"야, 인마! 무겁다. 내려가라!"
그러자 개미가 앞발을 번쩍 치켜들면서 소리쳤다.
"조용해, 자식아! 콱 밟아 죽이기 전에."
그러자 마침 이 광경을 지켜보던 하루살이가 중얼거렸다.
"오래 살다 보니 세상에 별 꼬락서니를 다 보겠네."

뻔뻔한 이웃

이웃에 사는 남자가 매번 집으로 찾아와 무엇인가를 빌려가곤 했다. 어느 날 그 남자가 또 집으로 찾아왔다.
집주인은 이번에도 그 남자가 무엇을 빌리러 왔음을 직감하고 아내에게 말했다.
"이번에는 아무것도 빌려가지 못하게 할 거야!"
드디어 이웃 남자가 물었다.
"혹시 아침에 전기톱 쓰실 일 있나요?"
"어휴, 어쩌죠? 사실은 오늘 하루 종일 써야 할 것 같아요."
그러자 이웃집 남자가 웃으며 말했다.
"그럼 골프채는 안 쓰시겠네요. 좀 빌려도 될까요?"

운전 중에 벌어진 일

한 중년 남자가 운전을 하다가 신호에 걸려 서 있는데, 옆 차선에 나란히 서 있는 차 안의 여자가 그럴듯하게 보였다.
혹시나 해서 자기 차의 창문을 내리고는 여자에게 창을 내려 보라고 신호를 보냈다.
"시간이 되면 저기 앞에 가서 차나 한잔 하실까요?"
여자는 빤히 쳐다보더니 아무 대답 없이 출발했다. 그런데 공교롭게도 다음 신호등 앞에서 또 나란히 서게 되었다.
이번에는 여자가 창을 내리고는 남자에게 창을 내려 보라고 신호를 보냈다.
남자가 기대감에 잔뜩 부풀어서 창을 내린 다음 쳐다보자, 여자가 말했다.
"너 같은 것은 집에 또 하나 있어!"

닭과 소의 대화

닭이 소에게 불평을 늘어놓았다.
"인간들은 참 나빠. 지들은 계획적으로 아이를 낳으면서, 우리에게는 무조건 알을 많이 낳으라고 하잖아."
그러자 소가 말했다.
"그건 아무것도 아냐! 수많은 인간들이 내 젖을 먹어도, 나를 엄마라고 부르는 놈은 한 놈도 없잖아."

부정부패(不正腐敗)가 아닙니다.
부정(父情)이 가득한 뷔페입니다.

못된 버르장머리를 바로잡는 미용실.

감사합니다. 한 병 더 드세요!

빨리 돌아와라! 파전 부쳐놓았다~.

연인 사이? 아니면 가족이나 친척?

동물병원이랍니다.

돼지껍데기 전문점.
앗, 뜨거워! 내 등들이 탄다.

토스트를 너의 입에 토스(toss)!

아디다스가 오픈한 호프집? ㅎㅎ

아내의 반격

옆에서 신문을 보던 남편이, 미모의 인기 여배우가 자신보다 부족한 남자 배우와 결혼한다는 기사를 보면서 말했다.
"덩치만 크고 머릿속엔 아무것도 들지 않은 멍청이가 어떻게 매력적인 여자와 결혼할 수 있는지 모르겠어. 복도 많지."
그러자 아내가 미소를 지으면서 이렇게 말했다.
"당신도 알고 있었군요. 그렇게 말해주니 고마워요."

불쌍한 여자

이웃집에 다녀온 아내의 표정이 좋지 않았다. 이웃집 여자가 남편에게서 비싼 화장품 세트를 생일선물로 받았다고 자랑했기 때문이다.
아내는 기어이 남편에게 투덜거렸다.
"옆집 아줌마는 화장품 세트를 받았다는데, 당신은 뭐예요? 지난달 내 생일 때 겨우 통닭 한 마리로 때우고……."
그러자 남편이 말했다.
"쯧쯧, 그 여자 참 불쌍하네."
"아니, 그 여자가 불쌍하다니 그게 무슨 말이에요?"
남편이 능청스럽게 대꾸했다.
"그 아줌마가 당신처럼 예뻐 봐. 그런 화장품 따위가 왜 필요하겠어?"

부 양

거지 하나가 지나가던 신사에게 물었다.
"선생님, 재작년까지는 내게 늘 만 원씩 주지 않았습니까? 그런데 작년부터는 왜 오천 원으로 줄었으며, 올해는 왜 천 원으로 줄었습니까?"
그 신사가 자초지종을 설명했다.
"전에야 제가 총각이었으니 여유가 있었죠. 하지만 작년에는 결혼을 했고, 이제는 애까지 있어서……."
그러자 거지가 어이없다는 표정으로 말했다.
"아니! 그럼 내 돈으로 당신 가족을 부양한다는 말입니까?"

너도 내 나이가 되어 봐

늙은 나무꾼이 산속에서 나무를 베고 있었다.
개구리: 할아버지!
나무꾼: 거기, 누구요?
개구리: 저는 마법에 걸린 개구리예요.
나무꾼: 엇? 개구리가 말을?
개구리: 저한테 입을 맞춰주시면 사람으로 변해서 할아버지와 함께 살 수 있어요. 저는 원래 하늘에서 살던 선녀였거든요.
그러자 나무꾼은 개구리를 호주머니에 집어넣었다. 그리고는 다시 나무를 베기 시작했다.

개구리: 이봐요, 할아버지! 나한테 입을 맞춰주면 여자로 변해서 함께 살아드린다니까요?

그러나 나무꾼은 아무 대답 없이 계속 나무만 했다.

개구리: 제 말을 안 믿어요? 저는 진짜로 예쁜 선녀예요!

나무꾼: 믿어.

개구리: 그런데 왜 입을 맞춰주지 않는 거죠?

나무꾼: 나는 예쁜 여자가 필요 없어. 너도 내 나이가 되어 봐. 개구리와 이야기하는 편이 훨씬 재미있지.

차라리 새장가를 드세요

어느덧 오십이 넘은 아내가 젊고 예쁘게 보이도록 성형수술을 시켜주든지 아니면 차라리 헤어지자고 남편에게 엄포를 놓았다.

남편은 마누라가 젊어지면 자기도 좋겠다고 생각하고, 솜씨가 가장 좋다는 한 성형외과를 찾아갔다.

의사가 아내의 요구 조건을 들어가며 수술 견적을 내는데, 시간이 지나치게 오래 걸리는 것 같았다.

잠시 후 의사가 남편만 따로 불렀다.

불안한 심정으로 남편이 물었다.

"견적 결과는 어떻습니까? 많이 나왔나요?"

한참을 망설이던 의사가 결심한 듯 말했다.

"선생님! 기왕이면 수술비를 위자료로 주고, 새장가를 드시는 편이 훨씬 낫겠습니다."

늙은 정도

어떤 책에 이런 내용이 있었다.
'100미터 밖에서 아내를 불렀는데 대답이 없으면 아내가 조금 늙은 것이고, 50미터 밖에서 불렀는데 대답을 못하면 많이 늙은 것이며, 10미터 밖에서 불렀는데 대답을 못하면 심각한 상태에 처해 있는 것이다.'
남편은 자신의 아내가 어느 정도 늙었을까 궁금해져서 이 방법을 써보기로 했다.
어느 날 함께 귀가하다가 100미터쯤에서 아내를 불러 보았다.
"여보, 오늘 저녁 메뉴가 뭐야?"
대답이 없었다.
'아, 마누라가 늙긴 늙었나 보다.'
50미터쯤 거리에서 아내를 다시 불러 보았다.
"여보, 오늘 저녁 메뉴가 뭐야?"
역시 대답이 없었다.
'아, 내 마누라가 이렇게 늙었단 말인가.'
다시 10미터 거리에서 아내를 불렀다.
"여보, 오늘 저녁 메뉴가 뭐야?"
또 대답이 없었다.
'아! 마누라가 완전히 맛이 갔구나.'
남편은 탄식을 하면서 집에 들어섰다. 그날따라 주방에서 열심히 요리하고 있는 아내의 뒷모습이 너무 애처로워 보였다.
측은한 마음이 든 남편은 뒤에서 아내의 어깨를 살포시 감싸

안으며 나직이 물었다.
"여보, 오늘 저녁 메뉴가 뭐야?"
그러자 아내가 홱 돌아서면서 소리를 질렀다.
"야, 이 영감탱이야! 내가 수제비라고 몇 번 말했냐?"

남자에게 젖꼭지가 필요한 이유

여교사가 생물 시간 수업을 진행하고 있었다.
"우리 몸의 신체 부위 하나하나는 다 쓸모가 있는 거예요."
한 학생이 손을 들고 선생님께 질문했다.
"선생님, 젖꼭지는 왜 있는 건가요?"
"아, 그거야 아기에게 젖을 먹이기 위해서죠."
"그렇다면 남자한테는 젖꼭지가 필요 없잖아요?"
당황해서 잠시 머뭇거리던 여교사가 대답했다.
"남자의 젖꼭지는 앞뒤를 구분하는 장치입니다."

처제가 웬일이야?

맥주병을 보고 항상 '마누라'라고 부르는 정신병자가 병원에서 치료를 받고 있었다. 의사는 그에게 맥주병을 보고 맥주병이라고 하면 퇴원할 수 있다고 말했다.
어느 날 의사가 맥주병을 들고 왔다.

"이게 무엇입니까?"
"맥주병입니다."
"아, 이제 다 나았군요. 퇴원하셔도 좋습니다."
그 정신병자가 퇴원 수속을 하고 있는데, 마침 옆에 소주병 하나가 보였다.
그러자 정신병자가 깜짝 놀라며 말했다.
"아니, 처제가 여기 웬일이야?"

소개팅 남자와 여자의 대화

한 남자와 한 여자가 소개팅으로 만나게 되었다.
진지한 표정의 남자가 여자에게 조심스레 물었다.
"저, 혹시 담배 피우시나요?"
"어머! 저 그런 거 못 피워요."
"그럼 술은 좀 하세요?"
"어머! 전 그런 거 입에도 못 대요."
"아, 그렇다면 지금까지 연애는?"
"지금까지 남자의 '남'자도 모르고 살았어요."
"정말 순진하시군요. 제 솔직한 심정은, 반갑긴 하지만 그러면 무슨 낙으로 사시는지 궁금하네요."
그 말에 여자가 환한 미소를 머금으며 대답했다.
"호호호, 거짓말하는 재미로 살아요."

당신이 참아야지

어느 날, 거울을 보며 화장하던 아내가 갑자기 흐느껴 우는 걸 보고 남편이 놀라서 물었다.
"아니, 왜 갑자기 우는 거야?"
아내가 풀 죽은 목소리로 대답했다.
"나이가 드니 얼굴이 쭈글쭈글 말이 아니에요. 이렇게 징그럽게 늙어가는 걸 보니 나도 모르게 눈물이 나요."
남편이 말했다.
"나 참! 당신이야 거울 볼 때만 당신 얼굴이 보이지만, 그 얼굴을 늘 보며 사는 나는 어떻겠소? 그런 나를 생각해서라도 당신이 참아야지."

어느 부부의 대화

마누라: 당신, 나 죽으면 뭐 할 거야?
TV 보던 남편: 쓸데없는 소리 하고 있네.
장난치는 마누라: 당신 재혼할 거지?
귀찮아진 남편: 아니, 안 해.
끈질긴 마누라: 재혼해서 사는 게 낫잖아?
대화에 별 관심 없는 남편: 응, 그렇지.
슬슬 부아가 난 마누라: 그럼 재혼해야지?
아무 생각 없는 남편: 그래, 알았어. 재혼할게.

삐치기 시작한 마누라: 진짜로?

귀찮기만 한 남편: 그래.

열이 오르기 시작한 마누라: 나 죽은 다음에 우리 침대에서 딴 여자랑 잔다고?

귀찮아 죽으려는 남편: 음, 그래.

진짜로 심각해진 마누라: 내 옷들도 입게 하고?

TV 보느라 아무 생각 없는 남편: 음, 원하면 그러라고 하지.

화가 나기 시작한 마누라: 내 사진은 떼어 버리고, 그 여자 사진 걸려고?

아, 진짜 아무 생각 없는 남편: 그럼. 그래야 하는 거 아냐?

뚜껑이 열리기 직전인 마누라: 그렇단 말이지? 그럼 내 골프채도 그 여자 쓰게 하겠네?

아뿔싸! 무의식중에 남편이 한 대답은…….

"그건 아냐! 그 여자 왼손잡이야."

재치 있는 답변

휴일이라 중국집에서 짜장면을 시켰다. 한참 먹고 있는데, 짜장면에서 바둑알이 나왔다.

너무 황당하고 화가 나서 바로 중국집에 전화를 했다.

"장사 어떻게 하는 거예요? 바둑알도 먹으란 말이에요?"

가만히 듣고 있던 중국집 사장이 경쾌하게 말했다.

"네, 정말 축하드립니다! 탕수육에 당첨되셨습니다!"

애꾸의 고백

신부는 신혼 첫날밤에야 신랑이 애꾸라는 사실을 알게 되었다.
신부: 당신이 애꾸라는 사실을 내게 숨겼군요.
신랑: 예전에 내가 당신에게 편지로 고백하지 않았소?
신랑에게 받은 연애편지들을 살펴보던 신부는 이윽고 편지 하나를 찾아냈다. 그 편지에는 이렇게 적혀 있었다.
'한눈에 반했소.'

하느님 아버지

초등학생 진규가 아빠와 엄마를 따라 처음 성당에 갔다.
미사가 시작되자 아빠와 엄마가 기도를 드렸다.
"하늘에 계신 우리 아버지, 아버지의 이름이……."
진규도 따라서 중얼거렸다.
"하늘에 계신 우리 할아버지, 할아버지의 이름이……."
그 소리를 들은 아빠가 진규에게 속삭였다.
"얘야! 기도할 때는 하느님을 아버지라고 부르는 거야. 그러니까 너도 아버지라고 해야 되는 거란다."
"그럼 하느님은 아빠와 엄마 그리고 나한테도 아버지야?"
"물론이지."
그러자 진규가 의젓한 목소리로 아빠에게 말했다.
"알았어, 형!"

아내의 사진

아내: 여보, 전부터 물어보고 싶은 게 있었어요. 당신은 왜 항상 내 사진을 지갑 속에 넣고 다녀요?

남편: 아, 아무리 골치 아픈 문제라도 당신 사진을 보면 씻은 듯이 잊어버리게 되거든.

아내: 정말이에요? 당신에게는 내가 그렇게 신비하고 대단한 존재인가요?

남편: 당연하지. 어려운 문제가 생겼을 때마다 당신 사진을 보면서 나 자신에게 항상 이렇게 이야기하곤 해. '이것보다 더 큰 문제가 어디에 있을까?' 그러면 모든 문제가 다 대수롭지 않게 여겨지거든.

결혼식 비용

교회에서 결혼식을 막 끝낸 신랑이 지갑을 꺼내면서 결혼 비용을 물었다.

그러자 목사가 말했다.

"우리 교회에서는 비용을 따로 받지 않습니다. 다만 신부가 아름다운 만큼 돈을 내시면 감사히 받겠습니다."

"아~ 그래요? 여기 10만 원 넣었어요. 감사합니다."

목사가 신부를 힐끔 쳐다보고 나서 말했다.

"여기 거스름돈 9만 원 받아 가세요."

기가 막혀서

늘 자정을 넘겨, 새벽이 가까워서야 억지로 들어오는 남편을 보다 못한 아내가 바가지를 긁기 시작했다. 그러나 아무리 앙탈을 부리고 화를 내봐도 남편은 묵묵부답이었다.
그런 남편이 더욱 보기 싫어져서 아내가 큰 소리로 다그쳤다.
"왜 맨날 세 시가 넘어서야 들어오냐구요? 대답해요!"
그러자 남편이 귀찮다는 듯 입을 열었다.
"이 시간에 문 연 데가 이 집밖에 없어서 그런다. 왜?"

아버지의 자리

병원에서 의사가 남편에게 사망 선고를 내렸다. 그래서 시신을 옮기려고 침대를 움직이는데 덜컹 하면서 남편이 깨어났다.
"여보, 내가 살아났소……."
그러자 아내가 재빨리 남편의 말을 막았다.
"당신이 뭘 알아요? 당신은 이미 죽었다고, 의사 선생님이 말씀하셨어요."
남편은 아무리 얘기해도 아내가 들어주지 않자, 아들에게 말했다.
"아들아, 내가 살아났다……."
그랬더니 아들이 이렇게 말했다.
"아버지, 제발 어머니 말씀 좀 들으세요!"

예수님의 부활

경상도 할머니 셋이서 이야기를 나누고 있었다.
할머니 1: 어이, 예수가 죽었단다.
할머니 2: 왜 죽었다 카드노?
할머니 1: 못에 찔려 죽었다 안카나.
할머니 2: 어이구, 머리 풀어헤치고 다닐 때 알아봤다.
할머니 3: 어이, 예수가 누고?
할머니 1: 몰라. 우리 며늘애가 아부지 아부지 캐쌌는 거 보이 사돈 어른인갑지 뭐!
할머니 2: 그래, 문상은 갔더나?
할머니 1: 아니, 안 갔다.
할머니 3: 왜 안 갔노?
할머니 1: 갈라 캤더니 사흘 만에 살아났다 카더라.

할아버지와 할머니의 대화

할아버지와 할머니가 함께 걸어가고 있었다.
다리가 아픈 할머니가 할아버지에게 졸랐다.
"영감, 좀 업어줘."
할아버지가 할머니를 업고 가자, 할머니가 미안해져서 말을 걸었다.
"영감, 나 무겁지?"

"응."
"왜 무거운데?"
"머리는 돌이지, 얼굴에는 철판 깔았지, 간덩이는 부었지. 그러니 무거울 수밖에."
돌아오는 길에 이번에는 할아버지가 할머니에게 부탁을 했다.
"할멈, 나 좀 업어줘."
할머니가 할아버지를 업고 오는데 할아버지가 물었다.
"할멈, 나 무겁지?"
"아니, 하나도 안 무거워. 아주 가벼워."
"뭐라고? 왜 가벼운데?"
"머리는 비었지, 입은 싸지, 쓸개는 빠졌지, 허파에 바람은 잔뜩 들었지. 그러니 솜털처럼 가벼울 수밖에."

맞선 자리

어느 총각이 제법 고상하다는 아가씨와 맞선을 보게 되었다. 장소는 고전적인 분위기가 물씬 풍기는 어느 레스토랑.
테이블 위 촛불이 은은하게 빛나는 가운데, 실내에는 베토벤의 유명한 피아노 곡 '엘리제를 위하여'가 흐르고 있었다.
형식적인 인사치레가 끝난 다음 두 사람은 서로의 취미에 관한 이야기를 나누게 되었다.
총각이 물었다.
"음악을 좋아하신다는 이야기를 들었습니다."

"네, 주로 클래식을 많이 듣는 편이에요."

그때 주문한 돈가스가 나왔다.

"지금 나오는 이 곡이 무슨 곡인지 아세요?"

우아하게 돈가스를 썰던 아가씨가 접시 쪽을 바라보며 별걸 다 묻는다는 듯이 대답했다.

"돼지고기 아녜요?"

실제 은행 창구에서 벌어졌던 일화

한창 바쁜 시간, 00은행 모 지점, 덥수룩한 수염의 40대 남성이 급한 걸음으로 곧바로 창구 앞으로 가서 말했다.

"속도위반 벌금 내러 왔어요!"

은행 창구 아가씨가 흘낏 보고는 대답했다.

"번호표를 뽑아 오세요."

남성은 멍하니 창구 아가씨를 쳐다보다가 되물었다.

"정말 번호판을 뽑아 와야 해요?"

아가씨는 바쁜 와중에 건성으로 듣고 대답했다.

"정말요! 뽑아 오셔야 돼요."

그러자 남성은 있는 대로 성질을 부리면서 은행 문 밖으로 사라졌고, 한참 후 은행 직원들은 기겁할 수밖에 없었다.

남성이 은행의 순번 대기 번호표가 아니라 자기 차 번호판을 떼어 와서 내밀었던 것이다.

"여기 있어요, 번호판!"

대단한 건망증

버스 정류장에서 한 젊은 부인이 한쪽 젖가슴을 다 드러내 놓은 채 걸어가고 있었다.
이를 본 경찰관이 그녀를 부르며 쫓아가서 말했다.
"부인, 부인을 풍기 문란 죄로 체포할 수도 있습니다."
"어머, 왜요?"
"부인께서는 한쪽 젖가슴을 다 드러내고 있잖아요."
그러자 그녀는 자신의 젖가슴을 내려다보며 깜짝 놀라 소리쳤다.
"어떡해. 아기를 버스에 두고 내렸어요!"

전생에 왕이었나 보죠?

한 남자가 자신의 전생을 알고 싶어 최면술사를 찾아갔다.
최면술사: 자~! 지금 무엇이 보이나요?
남자: 네, 지금 여러 사람이 보입니다.
최면술사: 그들이 무얼 하고 있나요?
남자: 네, 모두 저에게 절을 합니다. 그리고 예쁜 여자가 화려한 옷을 입고 제 앞에서 춤을 춥니다.
최면술사: 네, 됐습니다. 이제 눈을 뜨세요.
남자: 선생님, 제가 전생에 왕이었나 보죠?
최면술사: 아닙니다. 당신은 왕이 아니라 돼지머리였습니다.

연인의 방귀

어느 연인이 조용한 공원 벤치에서 데이트를 즐기고 있었다.
그런데 여자는 조금 전부터 방귀가 나오려고 해서 억지로 참고 있었다. '어떻게 이 난관을 해결할까?' 하고 고민하던 여자는 머릿속에 한 가지 방법이 떠오르자 곧바로 실행에 옮겼다.
여자는 갑자기 남자를 껴안으면서 큰 소리로 "자기야, 너무너무 사랑해!" 하고 외쳤다. 그리고 그와 동시에 인내의 한계에 달했던 방귀를 시원하게 방출했다.
그런데 남자가 이렇게 묻는 것이 아닌가.
"뭐라고? 방귀 소리 때문에 무슨 말인지 못 들었어."

할머니의 선택

"다시 태어난다면 지금의 배우자와 다시 결혼하겠는가?"
이 물음에 90%가 넘는 사람이 '아니다.'라고 대답했다는 조사 결과가 있었다.
한 교회 목사가 교인들에게 같은 질문을 하며, 다시 결혼할 생각이 있는 사람은 손을 들어보라고 했다. 그러자 모두들 시선을 피하는 가운데 할머니 한 명만 손을 드는 것이었다.
"남편 분과 사랑이 아주 깊었군요?"
목사의 질문에 할머니가 대답했다.
"그놈이 그놈이여……."

미워하는 사람

어느 교회에서 목사가 설교를 하고 있었다.
"여러분들 중에 미워하는 사람이 한 명도 없으신 분, 손 들어보세요."
아무 반응이 없자 다시 물었다.
"아무도 없나요? 손 들어보세요."
그때 저 뒤에서 한 할아버지가 손을 들었다.
목사는 감격스러운 목소리로 "할아버님, 어떻게 하면 그럴 수 있는지 말씀해 주세요."라고 했다.
그러자 연로한 할아버지가 힘없는 목소리로 말했다.
"응. 몇 명 있었는데, 다 죽었어."

복권 당첨

한 여자가 100억짜리 복권에 당첨되었다.
그녀는 바로 집으로 뛰어가 남편에게 말했다.
"여보, 어서 짐을 싸요. 100억짜리 복권에 당첨됐어요."
남편은 기쁜 마음을 감추지 못하고 아내에게 물었다.
"정말? 믿기지 않는군. 짐을 어떻게 쌀까? 해변용으로? 아님 등산용으로?"
그러자 아내가 성질을 내며 말했다.
"제기랄! 알아서 싸란 말이야. 그리고 당장 여기서 꺼지라고!"

누나 있어?

신병이 새로 왔다. 내무반에서 고참이 물었다.
"인마, 너 누나 있어?"
군기가 바짝 든 신병이 차렷 자세로 대답했다.
"네! 있습니다!"
"예쁘냐?"
"네! 아주 예쁩니다!"
"가슴이 크냐?"
"네!"
고참이 큰 소리로 물었다.
"인마! 큰지 작은지 네가 어떻게 알아?"
"봤습니다!"
"야! 네가 어떻게 봐?"
신병은 기어들어가는 목소리로 말했다.
"조카 젖 먹일 때 봤는데요……."

노인과 보청기

노인 두 명이 의자에 앉아서 이야기를 하고 있었다.
한 노인이 먼저 입을 열었다.
"이봐, 나 보청기 새로 샀어. 엄청 비싼 거야."
다른 노인이 부러워하며 물었다.

"그래, 얼만데?"
노인은 손목시계를 보더니 대답했다.
"열두 시."

말하는 전자저울

에어로빅 센터에 말하는 최신 전자저울이 들어왔다.
예를 들어 40kg인 사람이 올라가면 "당신의 몸무게는 40킬로그램입니다."라고 말하는 저울이었다.
어느 날 90kg이나 되는 한 아주머니가 올라갔을 때 최신 전자저울이 말했다.
"일인용입니다. 한 사람은 내려가 주세요."

고해성사

어떤 중년부인이 신부님께 고해성사를 보았다.
"신부님, 저는 하루에도 몇 번이나 거울을 보면서 제가 너무 아름답다고 뽐냈습니다. 저의 교만한 죄를 용서해 주세요."
이 고백을 들은 신부가 칸막이 커튼을 조금 들어 올려 그녀를 쓱 쳐다보더니, 이렇게 답했다.
"자매님, 안심하세요. 그것은 죄가 아니고 착각입니다. 평안히 돌아가십시오."

택시 요금

어느 시골 할아버지가 택시를 탔다.
목적지에 도착하자 택시 요금이 만 원 나왔다.
한데 할아버지가 요금을 6,200원만 주는 것이 아닌가.
택시 기사가 황급히 말했다.
"할아버지, 요금이 만 원인데요?"
그러자 할아버지가 씩 웃으면서 말했다.
"이 사람아, 3,800원부터 시작한 거 내가 다 봤어."

뇌물 먹은 정치인

옥황상제에게 승지가 보고했다.
"뇌물 먹고 죽은 정치인이 자기는 도저히 지옥에 갈 수 없다고 옥황상제님께 면담을 요청했습니다."
"그래? 데리고 와!"
뇌물 먹고 죽은 정치인이 앞에 오자 옥황상제가 말했다.
"넌 살면서 착한 일을 한 기록이 없는데, 무엇 때문에 지옥에 못 가겠다는 거냐?"
"천만의 말씀! 저도 착한 일을 했습니다. 언젠가 길에 떨어진 500원짜리 동전을 주워 구걸하는 거지에게 적선했습니다!"
잠시 생각에 잠겼던 옥황상제가 선고했다.
"음, 맞아! 깜박했다. 이놈한테 500원 주고, 지옥 보내!"

부부 싸움

드라이브를 즐기던 부부가 사소한 일로 말다툼을 벌였다.
서로 말도 않고 썰렁하게 집으로 돌아오는데, 차창 밖으로 개 한 마리가 얼쩡거리는 게 눈에 띄었다.
남편이 아내에게 빈정대며 말했다.
"당신 친척이잖아. 반가울 텐데 인사나 하시지."
남편의 말이 떨어지기가 무섭게 아내가 그 개에게 소리쳤다.
"안녕하셨어요! 시아버님."

친구는 역시!

학교 시험이 끝난 후 아이들이 답을 맞춰보고 있었다.
아이들은 제일 마지막 문제가 제일 어렵다며 투덜거렸다. 그것은 '우정이 매우 돈독하고 매우 친한 친구 사이를 사자성어로 뭐라고 하는가?' 라는 문제였다.
아이들은 '막역지우'나 '관포지교', '죽마고우', '지란지교' 등등의 답을 적었다고 말했지만, 준영이만은 아무 말도 못하고 앉아 있었다.
그날 저녁 시험지를 채점하던 선생님이 준영이의 답안지를 보고 폭소를 터뜨렸다.
준영이가 적은 답은 이랬다.
'불알친구'

성공한 투자

신문을 보던 남편이 연신 한숨을 쉬었다. 자신이 투자한 주식의 결과가 하나같이 내리막길을 걷고 있었기 때문이다.
투덜거리던 남편이 아내를 힐끗 쳐다보며 중얼거렸다.
"내가 투자한 것 치고 갑절로 불어난 것은 당신밖에 없구려."

귀여운 할머니

한적한 시골의 은행에서 할머니와 은행 여직원이 실랑이를 벌이고 있었다.
"할매, 비밀번호가 머라요?"
할머니가 속삭이듯 낮은 소리로 "비둘기."라고 했다.
여직원은 황당하단 눈빛으로 할머니를 쳐다보며 다시 물었다.
"할매요, 비밀번호 말 안 하면 돈 못 찾는다 아잉교. 그라지 말고 비밀번호 말하이소."
그러자 할머니는 입을 가리고 한 번 더 "비둘기."라고 했다.
끝내 여직원이 목청을 높였다.
"할매, 바쁜데 지금 장난하는 것도 아이고 와 이라능교. 퍼뜩 비밀번호 대이소!"
그제야 할머니는 꽁꽁 숨겼던 비밀번호를 어렵사리 밝혔다.
"9999."
은행 전체가 웃음바다로 뒤집어졌다.

개띠 동창

개띠인 용재가 아침을 먹으면서 스포츠신문 운세 난을 보니, 오늘 개띠는 무슨 일을 해도 운수 대통이고 재물 운이 있단다.
마침 저녁에 고교 동창 부친상에 조문을 가야 하는 용재가 손뼉을 치며 외쳤다.
"아싸! 오늘 개띠 운수 대통이라네! 오늘 저녁에 니들은 다 죽었다. 자식들, 어디 한번 맛 좀 봐라."
그 말을 듣고 있던 아내가 한심하다는 듯이 한마디 던졌다.
"아이고, 이 화상아! 니만 개띠고 니 동창들은 소띠냐?"

귀가 어두운 할머니

우리 어머니는 팔순이 넘으셔서 귀가 많이 어둡다.
하루는 어머니가 노인정에 마실을 가셨는데, 어머니가 싫어하는 약국집 할머니도 오셨다.
마찬가지로 귀가 많이 어두운 약국집 할머니는 그날도 여느 때와 마찬가지로 자식 자랑을 늘어놓으셨다.
"아이구! 우리 아들이 최고급 벤츠 세단을 샀는디 을매나 좋은지 몰러."
하지만 귀가 어두운 우리 어머니.
"어휴! 저 할망구는 별것도 아닌 걸루 맨날 자랑질이여……. 인자는 자랑질을 허다 허다 안 되니께 배추 세 단 산 것 가지고 자랑질하구 자빠졌어."
 약국집 할머니도 귀가 어두운 관계로 우리 어머니 말을 제대로 알아듣지 못했다.
 "암만, 조웅께 자랑질을 허지. 그 벤츠가 월매나 비싼 줄이나 알어?"
 "아이고~ 그깟 배추가 좋아봤자 배추지 뭐. 배추에 금테라도 둘렀남?"
 요렇게 티격태격하고 있는 그때, 옆에서 묵묵히 장기를 두던 노인정의 최고 어르신 왕 할아버지가 버럭 소리를 지르셨다.
 "아, 시끄러! 이 할마시들이 그냥 아까부터 왜 자꾸 빤스 세 장 갖구 난리들이여. 그냥 적당히 입어!"

통장과 반장

 할머니가 통장과 도장이 찍힌 청구서를 은행원에게 내밀며 돈을 찾으려고 했다.
 "할머니, 청구서 도장과 통장 도장이 달라요. 통장 도장을 갖고 와야 해요."
 할머니는 급하게 오느라 실수했다며, 통장을 은행원에게 맡기고 금방 온다고 하면서 나갔다. 그런데 은행 문을 닫을 때쯤에서야 헐레벌떡 돌아온 할머니가 애원하듯 말했다.
 "아가씨, 미안한데 반장님 도장으로는 안 될까? 통장님이 어딜 갔는지 도통 찾을 수가 없어서……."

건망증 환자

건망증에 걸린 남자가 있었다.
부인은 남편의 건망증이 날이 갈수록 심해지자, 병원에 데리고 가서 진찰을 받았다.
남자: 제가요, 건망증이 심해서 왔는데요.
의사: 어느 정도로 심하신가요?
남자: 뭐가요?

건망증 선생님 1

건망증이 심한 수학 선생님이 있었다.
자율 학습 시간에 갑자기 교실 뒷문이 열리더니 수학 선생님이 나타났다.
"야, 이놈들아! 3학년 8반은 왜 이렇게 시끄러워? 수능이 얼마나 남았다고!"
교사의 한마디에 아이들은 쥐 죽은 듯이 조용해졌다.
교사가 뒷문을 닫고 사라진 지 10초가 지났다. 이번에는 앞문이 드르륵 열리더니 다시 수학 선생님이 나타났다.
수학 선생님은 흐뭇한 미소를 띠며 이렇게 말했다.
"음, 이 반은 학습 분위기가 아주 좋군. 뒤의 반은 아주 형편없던데……."

건망증 선생님 2

고등학교 선생님 한 분이 건망증이 무척 심했다.
그 선생님은 교실에 들어서서야 출석부를 깜빡 잊고 안 가지고 온 것을 알았다. 선생님은 반장을 찾았다.
"반장, 교무실에 가서 출석부 좀 가져와."
반장이 교무실로 간 후 교실을 한 번 둘러본 선생님이 말했다.
"이 반에는 반장도 없냐? 왜 인사를 안 해?"
학생들은 기가 막혀 아무 말도 하지 못했다. 그때 반장이 출석부를 들고 교실로 들어오자, 선생님이 화를 내며 소리쳤다.
"넌 뭐야? 어디 갔다 이제 오는 거야?"

골프 약속

친구들 몇 명이서 골프를 화제로 삼아 저녁을 먹었다. 한 친구가 건망증이 심한 친구에게 다음 주 토요일에 골프 한 번 같이 하자고 제안했다. 건망증이 심한 친구가 좋다고 했다.
"좋지! 그런데 잊어버리기 전에 수첩에 적어두어야겠구먼."
그는 자기 수첩을 꺼내 약속 내용을 적었다.
헤어지기 전에 골프를 제안했던 친구가 말했다.
"야! 너 다음 주 토요일, 골프 약속 잊지 마."
건망증이 심한 친구가 수첩을 꺼내 보더니 이렇게 대답했다.
"안 되겠는데? 나 그날 선약이 있어."

건망증

파티에서 한 남자가 술에 취해 여자를 뒤에서 껴안았다.
"죄송합니다, 부인. 제 아내인 줄 알고……."
그러자 여자가 말했다.
"사과할 것 없어요. 저예요, 여보."

노부부의 건망증

안방에서 텔레비전을 보던 할아버지가 할머니한테 말했다.
"우유 좀 가져와. 까먹을지 모르니 적어 가지고 가."
그러자 할머니가 말했다.
"내가 치매라도 걸린 줄 알아요? 걱정 말아요."
잠시 후 할머니가 삶은 계란을 그릇에 담아 가지고 들어오자, 할아버지가 말했다.
"왜 소금은 안 갖고 온 거야? 그러게 적어 가랬잖아."

건망증의 상황별 증상

▶ 담배 필 때
초기: 담배를 거꾸로 물고 불을 붙인다.
중기: 담배를 거꾸로 물고 라이터를 찾는다.

말기: 라이터를 물고 담배를 찾는다.
▶ 4구 당구 칠 때
초기: 상대의 흰 공으로 친다.
중기: 상대의 흰 공을 겨냥하고 친다.
말기: 빨간 공으로 흰 공을 친다.
▶ 우연히 만난 옛 친구가 "야~ 반갑다!"고 할 때
초기: (이름이 떠오르지 않는다.) "어~. 너, 너구나."
중기: (어디선가 본 듯은 하다.) "너~. 누, 누구지?"
말기: (전혀 기억이 나지 않는다.) "네, 안녕하세요?"
▶ 비디오테이프를 빌릴 때
초기 ① 비디오 숍에 간다.
② 제목을 잊어버려서 알바에게 한참 설명한다.
③ 테이프를 빌려서 집으로 온다.
중기 ① 비디오 숍에 간다.
② '내가 뭘 빌리러 왔지?' 하며 대충 아무거나 고른다.
③ 테이프를 빌려서 집으로 온다.
말기 ① 슈퍼마켓으로 간다.
② 과자를 잔뜩 사서는 집으로 온다.
③ 맛있게 먹으면서 텔레비전을 본다.
▶ 비디오테이프를 반납할 때
초기: 독촉전화를 받고 나서야 반납한다.
중기: 독촉전화를 받고는 빌린 적이 없다고 우긴다.
말기: 보지도 않고 그냥 반납한다.

▶ 친구 철수에게 전화 걸 때
  초기: 휴대폰에 입력된 번호를 찾는다.
  중기: 휴대폰을 찾는다.
  말기: 철수한테 전화해서 물어본다.
▶ 중국집에 짜장면을 시킬 때
  초기 ① 열심히 중국집 전단지를 찾는다.
       ② 114에 전화해서 물어본다.
       ③ 전화기 옆에 붙여놓은 전단지를 발견해서 주문한다.
  중기 ① 중국집으로 가서 전단지 한 장을 얻는다.
       ② 집 근처 구멍가게에 들러 집으로 온다.
       ③ 전단지를 버리고 짜파게티를 끓여 먹는다.
  말기 ① 중국집에 전화를 건다.
       ② 철수네 집이냐고 묻는다.
       ③ 죄송하다고 하고 끊는다. 그리고 잔다.
▶ 냉장고에서 고기를 꺼낼 때
  초기 ① 냉장고 문을 연다.
       ② 뭘 꺼내려고 했었는지 한참 생각한다.
       ③ 고기를 꺼내고, 냉장고 문을 닫는다.
  중기 ① 장롱 문을 연다.
       ② 웃옷을 꺼내 입는다.
       ③ 정육점에 가서 고기를 사온다.
  말기: 냉장고가 어디 있는지 찾는다.

치매 할머니와 치매 기사

말없이 택시 뒷좌석에 앉아 있던 할머니가 무엇인가 생각난 듯 갑자기 소리쳤다.
"기사 양반, 내가 어디로 가자고 했지?"
택시 기사가 화들짝 놀라며 소리쳤다.
"깜짝이야! 할머니, 언제 탔어요?"

유형별 치매

▶ 개들의 치매
　초기: 주인만 보면 짖어댄다.
　중기: 수컷 등에 올라탄 암컷이 자기가 수컷인 양 폼 잡는다.
　말기: 복날 보신탕 집 앞에서 침 흘리며 앉아 있다.
▶ 학생들의 치매
　초기: 몇 학년 몇 반인지 몰라 다른 반에 왔다 갔다 한다.
　중기: 친구한테 돈 빌려주고, 자기가 빌렸다며 돈을 준다.
　말기: 아버지한테 공부 열심히 하라고 꾸중한다.
▶ 신세대들의 치매
　초기: 애인과 데이트 약속하고, 친구와 술을 마신다.
　중기: 양말은 한쪽만 신고, 양복은 상의만 입고 출근한다.
　말기: 부인하고 잠자고 나서 화대라고 돈을 준다.

건망증과 치매 구분 방법

▶ 건망증: 우리 집 주소를 잊어먹는다.
　치　매: 우리 집이 어딘지 잊어먹는다.
▶ 건망증: 아내 생일을 잊어먹는다.
　치　매: 아내 얼굴을 잊어먹는다.
▶ 건망증: 남자가 소변을 보면서 '이거 언제 사용했더라?'
　치　매: '이게 어디에 쓰는 물건이더라?'
▶ 건망증: 심해질수록 걱정된다.
　치　매: 심해질수록 아무 걱정 없다.

치매 부부 1

　할머니가 하루는 동창회에 참석했는데 다른 친구들이 교가를 잊어버려서 자기가 불렀다.
　"동해물과 백두산이 마르고 닳도록~."
　친구들은 감탄의 박수를 치며 교가를 기억하고 있는 친구를 칭찬했다. 집에 돌아온 할머니가 할아버지에게 자랑을 했다.
　"그래? 그럼 그 교가 다시 한 번 불러보구려!"
　할머니가 또 노래를 불렀다.
　"동해물과 백두산이 마르고 닳도록~."
　듣고 있던 할아버지가 고개를 갸우뚱했다.
　"이상하다? 왜 우리 학교 교가하고 똑같지?"

치매 부부 2

어떤 치매 걸린 노부부가 있었다.
하루는 모처럼 욕정을 느낀 할아버지가 할머니 배 위로 올라갔는데, 올라간 후 그 이유를 잊어버렸다.
"할멈, 내가 왜 여기 있지?"
할머니가 말했다.
"댁은 누구슈?"

치매 걸린 남자

1기: 마누라가 여자로 보인다.
2기: 마누라와 잠자리 후 팁을 준다.
3기: 마누라와 잠자리 후 집에 가려고 바지를 입는다.
4기: 잠자리를 했는지 안 했는지 몰라서 또 하려고 한다.

화장실 치매 시리즈

▶ 정상 단계 ① 지퍼를 내린다.
　　　　　　② 꺼낸다.
　　　　　　③ 싼다.
　　　　　　④ 넣고 지퍼를 올린다.

▶ 치매 1기　① 지퍼를 내린다.
　　　　　　② 꺼낸다.
　　　　　　③ 싼다.
　　　　　　④ 넣고 그냥 돌아선다.
▶ 치매 2기　① 지퍼를 내린다.
　　　　　　② 꺼낸다.
　　　　　　③ 싼 줄 알고 넣는다.
▶ 치매 3기　① 지퍼를 내린다.
　　　　　　② 꺼낸 줄 알고 싼다.
▶ 치매 4기　① 지퍼를 내린 줄 알고 싼다.

해고한 이유

　큰 회사의 사장이 공항으로 나가다가 정문에서 밤샘 근무를 마친 경비원을 만났다.
　경비원은 다짜고짜 사장에게 인사를 하더니 어젯밤 꿈에 대해 이야기했다. 꿈의 내용은 사장이 타고 갈 비행기가 이륙한 후 폭발하더라는 것이었다.
　사장은 미신을 믿는 사람인지라 여행을 연기했다.
　나중에 알고 보니 그의 꿈은 적중했다. 그 항공기가 정말 이륙 직후 추락한 것이다.
　사장은 그 경비원을 불러다가 1억 원의 사례금을 줬다. 그리고 바로 그를 해고해 버렸다.

경비원이 억울해서 사장을 찾아가 물었다.
"사장님, 제가 꿈을 알려드려 목숨을 구했는데 저한테 이럴 수가 있습니까?"
그러자 사장이 말했다.
"당신의 임무는 밤새 깨어 있어야 하는 것이니, 해고하는 게 당연하오."

똥개와 발바리

어느 날 발바리가 길모퉁이에서 똥을 누었다.
그런데 느닷없이 똥개가 나타나서 그 똥을 먹기 시작했다.
그러자 놀란 발바리가 똥개에게 물었다.
"야! 더럽게 왜 내 똥을 먹어?"
그러자 똥개가 인상을 찌푸리며 대답했다.
"밥 먹는데 똥 얘기 하지 마. 밥맛 떨어지잖아!"

아들의 대답

부부가 대판 싸움을 하고 난 끝에, 서로 이혼하기로 했다.
이혼하기 전에 아들에게는 전후 사정 얘기를 해줘야겠다 싶어서 아들을 불렀다.
"아빠 엄마가 이혼하기로 했다. 네 생각은 어떠니?"

그 말을 듣고 아들이 대답했다.
"좋을 대로 하세요. 엄마와 아빠가 저를 만들 때에 언제 저와 의논해서 했나요?"

그 아버지에 그 딸

사오정이 딸과 함께 아침 운동을 나갔다. 열심히 뛰고 있는데 지나가는 사람들이 사오정을 보고 손짓하며 놀렸다.
"아저씨, 운동화가 짝짝이에요."
사오정이 자기 발을 보니 정말로 운동화 한 짝은 흰색, 한 짝은 빨간색이었다. 창피해진 사오정이 딸에게 말했다.
"얼른 집에 가서 아빠 운동화 좀 가지고 와!"
딸은 쏜살같이 집으로 달려갔지만, 빈손으로 돌아왔다.
"내 운동화는?"
"아빠, 소용없어요. 집에 있는 것도 한 짝은 흰색, 한 짝은 빨간색 짝짝이에요."

큰 소리로 기도하는 이유

철수가 방문을 닫아걸고 큰 소리로 기도하고 있었다.
"하느님! 아빠가 저에게 자전거를 사 주도록 해주세요!"
그 방 앞을 지나가던 할머니가 철수에게 물었다.

"철수야, 무슨 일이냐? 왜 그렇게 큰 소리로 기도를 하니? 하느님은 귀먹지 않으셨단다."
그러자 철수가 이렇게 대답했다.
"하느님은 들으시는데, 아빠가 못 들으실까 봐서요."

알고나 말해……

초췌한 모습의 공처가가 의사를 찾아갔다.
"선생님, 며칠째 계속 악몽에 시달리고 있어요."
"진정하시고 그 악몽에 대해 말해 보세요."
"매일 밤마다 열 명의 아내와 함께 사는 꿈을 꾸거든요. 정말 미치겠어요."
의사가 고개를 갸우뚱거리며 물었다.
"그게 왜 악몽이죠? 좋을 것 같은데……."
"뭐라고요? 그럼 선생님은 열 명의 여자를 위해 밥하고, 빨래하고, 청소해 본 적 있으세요?"

행복한 사람

남자 두 명이 논쟁을 벌이고 있었다.
"꽃을 선물하는 사람이 행복할까, 받는 사람이 행복할까?"
서로 자신의 생각만 주장하다 보니 결론이 나지 않았다. 두 사람은 결국 꽃집 주인을 찾아갔다.
 이야기를 들은 꽃집 주인이 웃으면서 대답했다.
 "하하하, 꽃을 판 사람이 제일 행복합니다."

맹인과 안내견

 앞을 못 보는 맹인이 안내견을 데리고 길을 걷고 있었다.
 한참 길을 걷고 있는데 안내견이 한쪽 다리를 들더니 맹인의 바지에 오줌을 싸는 것이었다.
 그러자 그 맹인이 갑자기 주머니에서 과자를 꺼내더니 안내견에게 주려고 했다.
 지나가던 남자가 그 광경을 지켜보다 맹인에게 한마디 했다.
 "당신은 개가 당신 바지에 오줌을 쌌는데 과자를 줍니까? 나 같으면 개의 머리를 한 대 때렸을 텐데."
 그러자 맹인이 말했다.
 "과자를 줘야 머리가 어디 있는지 알잖소."

번데기 앞에서 주름잡기

 어느 날 개 한 마리가 정육점에 들어와서 정육점 주인이 손쓸 새도 없이 고기 한 근을 물고 도망갔다. 다행히 그 개는 평소에 안면이 있는 변호사 집에서 키우는 개였다.

정육점 주인이 그 변호사 집으로 찾아가서 말했다.

"어떤 개가 저의 정육점에 뛰어 들어와 고기를 물고 갔어요. 저는 그 개의 주인에게 고기값을 달라고 할 수 있나요?"

변호사가 당연하다는 듯 대답했다.

"마땅히 개 주인은 개의 사용인으로서 그 고기값을 물어줘야죠. 또한 정신적 피해에 대한 위자료도 마땅히 줘야죠. 그런데 그 개의 주인이 누구입니까?"

"바로 당신네 개가 그랬습니다! 그것도 5만 원짜리 고기를 물어갔어요."

변호사는 당혹스런 표정을 지으면서 고기값 5만 원에 위자료 1만 원을 지불했고, 정육점 주인은 의기양양하게 돌아왔다.

다음 날, 그 정육점 주인은 집배원에게서 한 통의 청구서를 받았다.

바로 그 변호사가 보낸 '법률 상담료 50만 원 청구서'였다.

메뚜기의 위기관리

메뚜기가 길에서 만난 하루살이를 때렸다.

그러자 그 하루살이가 자기 친구들 2백만 마리를 데리고 메뚜기에게 복수하러 갔다. 하루살이들은 메뚜기를 포위하더니, 마지막 소원이 있으면 말하라고 했다.

메뚜기가 소원을 말했다.

"내일 싸우자!"

맥도날드보다 맛있는 떡도날드.

여기서 머리 하고 헤어지지 마!

비달 사순의 한국 여동생?

곧 방영될 거야.

닭에 관한 다큐멘터리.

이순신 장군이 고기 먹고 이 쑤신 집.

본전 뽑으려면 많이 팔려야 할 텐데.

그날의 피로는 술로 푼다!

뭔가 아픈 사연이…….

벌써 잔 비었수?

큰 글자만 읽지 마세요.
'조개 까는 아낙네' 집이에요.

역시 오해 금지! 조개 까는 새우!

흐음~, 조개 까는 세상 요리?

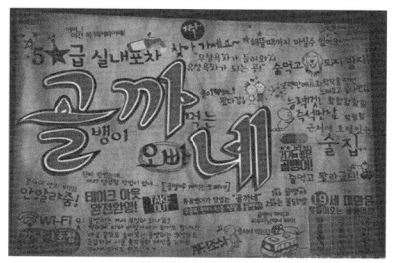
골뱅이 까먹는 오빠네. ㅋㅋ

여기서 광택 내고 광땡 잡으세요.

곧 망활(望活) 칼국수.
한자 뜻은 정반대. ㅎㅎ

이제는 대박 날 거예요.

아무렴, 사람 팔자보다 훨씬 낫지.

남자의 재치

한 부잣집 딸이 결혼하고 싶은 청년을 부모님께 소개했다.
부모는 이 청년의 진정성이 알고 싶어 질문을 했다.
"자네, 평생 내 딸만을 사랑할 텐가?"
이에 잠시도 망설이지 않고 청년이 큰 소리로 대답했다.
"아닙니다!"
깜짝 놀란 부모가 무슨 말이냐고 묻자 청년이 대답했다.
"저는 따님뿐만 아니라 장인, 장모님까지 평생토록 사랑하겠습니다!"

복 수

한 사진작가가 여행을 하는 중에 밥을 먹으러 한 식당에 들어갔다.
그런데 식당 주인이 사진을 보여 달라고 졸라서, 작가는 자신이 정성스럽게 작업한 사진들을 내놓았다.
사진을 다 본 후 식당 주인이 말했다.
"사진기가 좋아서 그런지, 사진이 참 잘 찍혔네요."
작가는 기분이 나빴지만 꾹 참았다.
그리고 식사가 다 끝나자 한마디 했다.
"냄비가 좋아서 그런지, 찌개가 참 맛있네요."

충청도식 계좌번호

한 교수가 대전에 있는 대학에 부임하게 되어, 집도 이사하게 되었다.

교수는 일하는 아줌마를 불러 새 집을 청소시킨 후 돈을 입금해 주려고 전화를 걸었다.

"청소비를 보내드릴 테니 계좌번호를 알려주세요."

그런데 아줌마가 불러주는 계좌번호가 이상하게 길었다.

"29649632967296……."

숫자가 너무 길다고 했더니 아줌마가 말했다.

"뭔 소리에유? 네 개밖에 안 불렀는데. 다시 부를게유. 2구유 4구유 3이구유 7이구유……."

주차 금지

할아버지와 할머니가 부부 퀴즈 쇼에 출연했다.

할아버지가 문제를 내면 할머니가 맞히는 것인데, 정답이 '주차 금지'였다.

할아버지: '차를 여기에 세우면 안 된다는 것.'을 네 글자로 하면 뭐지?

할머니: 대지 마라.

할아버지: 그거 말고 다른 말로 하면?

할머니: 딴 데 대라.

전 보

동명이인인 두 사람이 아랫집, 윗집에서 살고 있었다.
그런데 아랫집 남자가 아프리카로 여행을 떠난 그날, 윗집 남자가 세상을 떠났다.
아프리카에 도착한 아랫집 사람이 자기 집에 전보를 쳤는데, 하필이면 이 전보가 윗집 부인에게 잘못 전달되었다.
'무사히 도착했소. 끔찍이 뜨겁구려.'

면접생

거짓말을 못하는 한 백수의 면접 때 있었던 일화이다.
면접관: '이것만큼은 내가 최고'라고 할 만한 특기가 있나요?
백　수: 그런 게 있으면 그걸로 밥 먹고 살지, 왜 이런 회사에서 월급쟁이로 일하려 하겠습니까?

누구 닮았니?

오랜만에 열 살짜리 조카를 보게 되었다.
"참 예뻐졌네! 엄마와 아빠 중에 누굴 닮아서 이렇게 예쁘지?"
조카가 냉큼 대답했다.
"아무도 안 닮아서……!"

성형수술 한 것을 후회할 때

① 남자 친구에게 성형수술을 했다고 고백했더니, 돈 벌어서 다시 해준다고 할 때.
② 돈 들여 수술하고 나이트클럽에 갔는데, '물 흐린다.'고 쫓겨났을 때.
③ 눈, 코, 입을 모두 수술했는데, 10년 만에 만난 친구가 나를 알아볼 때.

약혼녀 집에 초대받은 청년

한 청년이 약혼녀의 집에 초대를 받았다.
그런데 저녁식사 자리에 모두 앉았을 때 청년이 실수를 하고 말았다. 긴장한 탓인지 속이 꾸르륵대면서 가스가 차오르는 것을 간신히 참고 있었는데, 그만 버들피리 소리가 나온 것이다. 청년은 너무나 미안하고 부끄러웠다.
그때 약혼녀의 아버지가 식탁 밑을 보더니, 청년 다리 밑에 앉아 있는 개에게 "해피야, 저리 가!"라고 말하는 것이 아닌가.
청년은 약혼녀의 아버지가 자신이 무안하지 않도록 개가 방귀를 뀐 것처럼 배려해 주는 속 깊은 행동에 감명을 받았다.
그런데 잠시 후 또 실수를 했다. 이번에는 가죽소파 찢어지는 강한 소리가 뽀~옹 하고 났다. 이번에도 약혼녀의 아버지는 개를 보고 "해피야, 저리 가라니까!"라고 말했다.

청년은 다시금 감동했지만 얼마 지나지 않아 또 실수를 하고 말았다. 이번에는 거의 화장실 옆 칸에서 들리는 것처럼 커다란 소리가 났다.

약혼녀의 아버지는 역시 개를 보더니 이렇게 말했다.

"야! 해피야, 저리 가라. 거기 있다가는 똥 덮어쓰겠다."

담보 있슈?

할아버지가 경운기를 사기 위해 은행에 대출을 받으러 갔다. 은행원은 할아버지에게 담보될 만한 것이 있는지를 물었다.

"담보란 게 뭐유?"

"돈을 빌려갈 때 대신 맡겨놓는 물건 같은 거예요."

은행원의 말에 할아버지는 집을 담보로 돈을 빌렸다. 그리고 추수가 끝난 후 돈을 갚으러 왔다.

대출금 처리를 마친 후 은행원이 물었다.

"할아버님, 추수하셨으니 돈 좀 벌었겠네요. 그 돈 어떻게 하실 거예요?"

"뭐, 그냥 땅에나 묻어놔야지."

"그러지 말고 예금을 하세요."

"예금이 뭐여?"

"예금이란 은행에 돈을 맡겨놓는 거예요."

그러자 할아버지가 데스크에 스윽 기대면서 말했다.

"담보 있슈?"

빠른 거북이

거북이가 길을 가다 지렁이가 힘들게 기어가고 있는 걸 보고서 "야! 타!" 하고는 지렁이를 등에 태웠다.
지렁이를 업고 한참을 가다 보니 굼벵이가 엄청 힘들게 가고 있는 것이 보였다.
보다 못한 거북이가 "야! 타!" 하고 굼벵이도 등에 태웠다.
거북이가 출발하려고 하자, 지렁이가 굼벵이에게 말했다.
"야! 꽉 잡아라! 얘 무지 빠르다!"

하늘나라 식당

어느 성당의 신부가 죽어서 하늘나라에 갔다.
밥을 먹으려고 하늘나라 식당에 갔는데, 아무리 기다려도 주문을 받지 않았다.
그래서 왜 주문을 받지 않느냐고 물었더니, 천사 종업원이 상냥하게 대답했다.
"신부님, 여기는 셀프서비스입니다."
"조금 전에 저쪽 사람들에게는 주문도 받고 서빙도 해주었잖아요?"
"아~, 저분들은 평신도들입니다. 신부님이나 목사님은 세상에서 대접을 많이 받고 살았으니 하늘나라에선 셀프이고, 평신도들은 세상에서 많이 봉사했으니 여기선 대접을 받습니다."

창피해진 신부가 아무 말도 못하고 있다가 다시 물었다.
"얼마 전에 돌아가신 교황님은 어디 계세요?"
천사 종업원이 웃으면서 대답했다.
"지금 배달 가셨습니다."

엄마와 아들

한 남자아이를 둔 엄마가 화장대 앞에 앉아서 얼굴에 콜드크림을 골고루 펴 바르고 있었다.
이를 보고 있던 아들이 궁금한 듯 엄마에게 물었다.
"엄마, 뭐 하는 거야?"
"응, 엄마가 예뻐지기 위해서 하는 거야."
잠시 후 엄마가 화장지로 얼굴의 콜드크림을 닦아내자, 아들이 말했다.
"왜 닦아내? 벌써 포기하는 거야?"

용서를 받으려면……

어느 교회의 주일학교에서 선생님이 아이들에게 물었다.
"용서를 받기 위해서는 무엇을 해야 하지요?"
생각에 잠겨 있던 한 아이가 일어서서 대답했다.
"먼저 죄를 지어야지요."

가장 낮은 신분 계급

어느 학교의 역사 시험에 다음과 같은 문제가 출제되었다.
'조선시대 신분 계급 중 가장 낮은 계급은?'
이 문제는 텔레비전의 인기 사극 드라마를 한 번만 보았어도 충분히 맞힐 수 있는 쉬운 것이었다. 정답은 물론 '천민'이었다.
시험지를 채점하던 선생님이 기상천외한 답을 발견하곤 뒤로 넘어갔다. 답안지에는 이렇게 적혀 있었다.
'쉰네'

엄마 닮은 여자

사귀는 여자마다 어머니가 번번이 딱지를 놓는 바람에 낙심하고 있는 한 총각이 있었다.
그의 친구가 보다 못해 이렇게 충고했다.
"네 어머니와 꼭 닮은 여자를 찾아봐. 그러면 틀림없이 좋아하실 거야."
이에 총각이 심드렁하게 대답했다.
"네 말처럼 외모에서 말씨, 옷 입는 것, 심지어 요리하는 것까지 어머니와 꼭 닮은 여자를 찾아내긴 했지."
"그래서 어떻게 됐어?"
"말짱 꽝이었어. 이번엔 아버지가 그녀를 지독하게 싫어하시는 거야."

아버지 성함

현철이가 서울로 전학을 왔다.
담임 선생님께서는 학생기록부를 작성하기 위해 현철이에게 아버지 성함을 물었다.
선생님: 아버지 성함이 어떻게 되지?
현철이: 네, 김가진입니다.
선생님: 녀석아, 아버지 이름을 그렇게 막 부르면 쓰냐?
현철이: 죄송합니다. 아버지 성함은요, 김짜 가짜 진짜입니다.

나머지는 보살님이 하세요

중년의 건장한 땡중이 내 중개사무소 문을 반쯤 열고는 반야심경을 읊기 시작했다.
"마하반야바라밀다심경… 관자재보…오…사…알."
그러더니 내 눈치를 힐끗 본다.
'야! 돈 주려면 빨리 주고, 아니면 가라고 해라. 밑천 다 됐다.' 하는 표정이다.
난 불교 신자는 아니지만 진심으로 불경 소리가 좋고 반야심경은 거의 외우고 있는 터여서 이렇게 말을 걸었다.
"더 하세요. 전 불경 소리가 좋아요."
그러자 땡중은 휙 뒤돌아서 걸음을 옮기며 한마디 했다.
"나머지는 보살님이 하세요!"

엄마의 한마디

개구쟁이 아들의 심한 장난에 화가 난 엄마가 야단을 쳤다.
"정말이지, 내가 너 때문에 속이 다 썩는다. 너 때문에 엄마가 늙는다, 늙어!"
그러자 아들이 궁금한 듯 물었다.
"엄마는 할머니 속을 얼마나 썩였기에 저렇게 늙으셨어요?"

귀 어두운 부부

귀 어두운 부부가 있었다.
어느 날 밖에서 두부장사 종소리가 들려왔다.
남편: 밖에 두부장사가 왔나?
아내: 아뇨, 두부장사예요.
남편: 응, 난 또…… 두부장사인 줄 알았지.

뱀이 술맛을 알면

강가에 도착한 낚시꾼이 장비를 다 풀고 나서야 미끼를 챙겨 오지 않은 사실을 알게 되었다.
돌아가야 하나 말아야 하나 고민하고 있을 때, 작은 뱀 한 마리가 벌레를 물고 지나가는 것이 아닌가.

낚시꾼은 잽싸게 뱀을 낚아채 벌레를 빼앗았다. 그리고 뱀의 점심을 빼앗은 것이 미안해서 뱀의 목구멍에 소주를 조금 쏟아 부어 주었다.

그로부터 얼마 후. 낚시꾼이 낚시에 열중하고 있는데, 누군가가 바짓가랑이를 잡아당기는 느낌이 드는 게 아닌가!

낚시꾼이 내려다보니 조금 전의 그 뱀이 입에 벌레 세 마리를 물고 와 있었다.

외갓집과 친정과 처갓집

아빠가 회사에서 해고당하는 바람에 온가족이 뿔뿔이 흩어지게 되었다.

아빠가 가족을 모아놓고 한숨을 쉬며 말했다.

"당분간 떨어져서 살아야 될 것 같소."

그러자 엄마가 애써 눈물을 감추며 물었다.

"여보, 아이들은 어디로 보내죠?"

"애들은 당분간 외갓집으로 보냅시다."

엄마가 눈물을 뚝뚝 흘리며 물었다.

"그럼 저는요?"

"당신은 친정에 가 있구려."

"그럼 당신은요?"

"나는 일단 처갓집에 가 있을 계획이요."

너, 나 알지?

임금님의 개가 있었다.
이 개는 고개를 끄덕끄덕하는 것밖에는 할 줄 아는 게 없었다. 그래서 임금님은 이 개에게 도리도리를 시키는 사람에게 상금을 주겠다고 포고문을 내붙였다.
많은 인파가 상금을 타기 위해 몰려들었다. 그러나 모두 허사였고, 마지막으로 한 사람이 남아 있었다.
"자네는 이 개가 도리도리하게 할 자신이 있는가?"
"물론이옵니다. 폐하!"
그 사람은 가방에서 벽돌을 꺼내더니 힘껏 개에게 던졌고, 개는 깨갱거리면서 임금님 뒤로 숨었다.
그런 뒤에 그 사람이 개에게 물었다.
"또 던질까?"
개가 얼른 도리도리를 했고, 그 사람은 상금을 받았다.
그런데 이후에 부작용이 일어났다. 그 개는 이제 도리도리만 할 뿐 끄덕끄덕은 전혀 하지 못하게 된 것이다.
임금은 다시 포고문을 내붙였다. 이 개가 다시 끄덕끄덕하게 만들면 더 후한 상금을 내린다고…….
포고문이 붙자마자 개에게 도리도리를 시켰던 남자가 돌아왔다. 그리고 개에게 이 한마디를 내뱉고 상금을 챙겨갔다.
"너, 나 알지?"
끄덕끄덕.

꾀 많은 김 일병

　꾀가 많기로 소문난 김 일병이 첫 휴가를 얻어 고향으로 가는 길이었다.
　기분 좋게 택시를 탄 김 일병은 목적지에 가까워졌을 무렵 문득 호주머니를 살펴보고는 자기가 무일푼임을 깨달았다.
　꾀 많은 김 일병이 운전기사에게 소리쳤다.
　"여기 좀 잠깐 세워주세요! 잠깐 저기 슈퍼에 가서 담배하고 라이터 사가지고 올게요. 그런데 조금 전에 차 안에서 10만 원짜리 수표를 떨어뜨렸는데 어두워서 그런지 못 찾겠네요."
　그리고선 김 일병이 급히 슈퍼로 뛰어 들어갔다.
　그러고 나서 뒤를 돌아보니, 아니나 다를까 택시가 쏜살같이 어둠 속으로 사라져 버렸다.

술버릇

　술집에서 손님 두 명이 진탕 술을 마시고 있었다. 그러다가 한 손님이 근처에 있는 다른 손님에게 말을 건넸다.
　"같이 한잔 합시다."
　"그럽시다."
　"고향은 어디요?"
　"여수요. 당신은?"
　"아이고 이런! 고향 사람이네. 나도 여수요! 반갑네 그려."

"여수 어디 살았는데?"

"서교동요. 당신은 어디요?"

"아이고 이런 일이 있나. 세상에! 나는 1970년 여수서초등학교 졸업했는데, 당신은 어디 나왔소?"

"아이고, 이런 일이! 나도 1970년에 여수서초등학교 나왔는데, 한잔 받으쇼!"

그때 다른 단골손님이 들어와서 술집 주인에게 물었다.

"저 사람들, 오늘 처음 보는 거예요?"

그러자 술집 주인이 고개를 저으며 말했다.

"쌍둥이인데, 둘 다 또 취했어요."

식인종의 똥침

한 사나이가 배를 타고 여행을 가다 풍랑으로 난파를 당해 난생 처음 보는 섬까지 떠밀려오게 되었다.

그는 섬 안에서 한참 동안 헤매다가 식인종 무리에게 잡히고 말았다. 식인종이 말했다.

"똥침 한 대 맞을래, 죽을래?"

죽는 것보다 똥침 맞는 게 낫다 싶어서 남자는 똥침을 맞겠다고 했다. 하지만 똥침을 맞고 나니 이틀 동안 꼼짝을 할 수가 없을 정도로 아팠다.

남자는 자리에서 간신히 일어나 섬을 헤매다가 또다시 식인종 무리를 만나고 말았다.

식인종이 말했다.

"똥침 세 대 맞을래, 죽을래?"

아무리 똥침이 아파도 죽을 수는 없다는 생각에 남자는 다시 똥침을 선택했다. 이번에는 일주일 이상을 걸을 수 없었다.

간신히 기운을 차리고 또다시 섬을 헤매던 남자는 식인종에게 세 번째로 잡히고 말았다.

식인종이 이번에는 똥침 열 대와 죽음 중 하나를 선택하라고 했다. 더 이상 똥침을 견딜 수 없었던 남자는 죽음을 선택했다.

식인종이 말했다.

"그래? 야, 죽을 때까지 똥침 실시!"

머리 좋은 남자

남자가 결혼을 청하자, 여자가 말했다.

"저는 용기도 있고 머리도 좋은 남자와 결혼하고 싶어요."

"아! 그럼 문제없어요. 지난번 호수에서 보트가 뒤집혔을 때 제가 당신을 구했잖아요. 그것으로 제가 용기가 있다는 건 충분히 증명되지 않았나요?"

그러자 여자가 말했다.

"그건 됐어요. 하지만 머리가 좋아야 한다는 조건이 아직 남았어요."

그러자 남자가 씨익 웃으며 말했다.

"그건 염려 마세요! 그 보트를 뒤집은 게 바로 접니다."

돈 남자와 결혼

어느 날 한 처녀가 길에서 요술 램프를 주웠다. 혹시나 싶어 램프를 문지르니 램프의 요정이 나타나 말했다.
"아가씨, 소원을 말씀하세요. 다만 소원은 한 가지만 들어드릴 수 있습니다."
아가씨는 소원이 너무 많기 때문에 고민을 시작했다. 많은 돈도 갖고 싶고, 남자도 사귀고 싶고, 결혼도 하고 싶었다.
그러다 갑자기 기발한 아이디어가 떠올랐다. 자신의 여러 가지 소원을 한꺼번에 말하기로 한 것이다.
아가씨가 큰 소리로 소원을 빌었다.
"돈, 남자, 결혼!"
아가씨의 소원을 들은 요정이 빙긋이 웃더니, 다음 날 소원이 이뤄질 것이라고 말하고 사라졌다.
다음 날 아가씨는 정신이 돈 남자와 결혼하게 되었다.

물건 고르는 솜씨

아내가 새 옷을 사오자 남편이 한마디 했다.
"그걸 예쁘다고 골랐어? 도대체 물건 고르는 솜씨가 없단 말이야. 나 좀 닮아 봐!"
"당신 말이 맞아요. 그래서 당신은 나를 골랐고, 나는 당신을 골랐나 봐요."

아내는 노래 연습중

몹시 추운 날 한 남자가 문 밖에서 덜덜 떨며 서 있었다. 옆집 남자가 물었다.
"추운데 왜 밖에 나와 계세요?"
그러자 남자가 말했다.
"내가 밖에 있다는 것을 남들이 봐야 돼요. 마누라가 지금 노래 연습 중인데, 내가 집 안에 있으면 동네 사람들이 내가 마누라를 때리는 줄 알거든요."

신부님과 스님

외국에 자주 나가는 신부님이 있었다.
그런데 그 신부님은 공항에서 작성하는 출국 신고서 직업란에 항상 '신부님'이라고 적었다.
이번에도 그 신부님이 외국에 나가게 되었는데 역시 출국 신고서 직업란에 '신부님'이라고 적는 것이었다.
그러자 공항 직원이 약간 샐쭉거리는 표정으로 물었다.
"직업란에 꼭 '신부님'이라고 쓰시던데, 그냥 '신부'라고 쓰시면 안 되나요?"
그러자 그 신부님이 대답했다.
"아니, 그러면 스님들은 '스'라고 씁니까?"

화장실에서

화장실에 들어가서 막 큰일을 보고 있는데, 옆 칸에서 인기척이 나더니 말을 걸어왔다.
"안녕하세요?"
화장실에서 일 보는데 무슨 인사? 혹시 휴지라도 필요한 것인가 싶어서 대꾸했다.
"네, 안녕하세요."
그랬더니 옆에서 바로 대답했다.
"네, 식사는 하셨습니까?"
젠장! 똥 싸는데 밥 먹는 이야기는 또 뭐람?
"네, 방금 먹었습니다. 그쪽 분도 식사는 하셨습니까?"
그랬더니 옆 칸에서 이런 말이 들려왔다.
"죄송합니다. 이만 전화 끊어야겠습니다. 옆에서 어떤 미친 녀석이 자꾸 내 말에 대답을 하네요……."

피장파장

영수: 저렇게 게으른 녀석은 처음 본 것 같아. 두 시간 동안 꼼짝도 않던 걸.
철수: 그걸 네가 어찌 알아?
영수: 줄곧 내가 지켜봤거든…….

소원대로

친구끼리 도박을 하다가 큰돈을 잃은 철민이가 심장마비로 그 자리에서 죽었다.
친구들은 철민의 부인에게 이 사실을 어떻게 말해야 할지 난감했다.
망설이다가 한 친구가 철민의 집에 전화를 걸었다.
"제수 씨, 철민이가 어제 도박을 하다 큰돈을 몽땅 잃고 말았습니다."
"으이구! 나가 뒈지라고 해요!"
"네, 이미 제수 씨 소원대로 됐습니다."

쯧쯧, 불쌍한 녀석……

매일 아내에게 맞고 살던 공처가가 눈에 눈물이 가득 고인 채 친구를 찾아왔다.
"아니! 자네 또 왜 그러나?"
공처가가 심하게 울먹이며 말했다.
"우리 옆집 남자가 불쌍해서 그래."
궁금해진 친구가 다시 물었다.
"옆집 남자가 많이 다치기라도 했어?"
그러자 공처가가 울음을 멈추며 말했다.
"아니! 어젯밤에 내 마누라와 도망쳤어."

아내 이름이?

오랜만에 친구들이 모여 저녁 식사를 하게 되었다.
그런데 유독 한 녀석이 자기 아내를 부를 때 '달링, 하니, 자기, 슈가' 등 듣기에 매우 오글거리는 호칭을 사용하는 것이었다.
한 친구가 더 이상 참지 못하고 그 녀석에게 따져 물었다.
"도대체 왜 유별나게 그러는 거야? 짜증나게……."
그러자 그 녀석이 한숨을 쉬며 말했다.
"쉿~! 사실은 3년 전부터 아내 이름이 기억 안 나."

심오한 한자의 세계

어느 회사에서 직원들에게 사훈을 공모했다.
여러 사훈 중 직원 투표 결과 일등을 한 것은…….
日職集愛 可高拾多 (일직집애 가고십다)
(하루 업무에 애정을 모아야 능률도 오르고 얻는 것도 많다.)
경영자 측에서는 다른 의견을 냈다.
溢職加書 母何始愾 (일직가서 모하시개)
(일과 서류가 넘치는데, 애들 엄마가 좋아하겠는가.)
직원들이 굽히지 않자, 회사는 결국 사훈을 이렇게 정했다.
河己失音 官頭登可 (하기실음 관두등가)
(물 흐르듯 아무 소리 없이 열심히 일하면, 높은 자리에 오를 수 있다.)
사훈을 이렇게 정하니 사원들이 이렇게 댓글을 달았다.

鹽晄下內 (염병하내)
(세상의 소금이며 빛과 같은 존재이지만, 늘 자신을 낮춘다.)

먼저 돈부터

환자: 저는 건망증이 너무 심해서 왔습니다.
의사: 먼저 돈부터 내시죠.

얼마인지 알아야

집으로 돌아오는 길에 떡볶이 파는 가게에 들렀다.
"아줌마, 어묵 천 원어치 얼마예요?"

계급 차이

군대에서 병장과 이병이 함께 목욕탕에 갔다.
병장이 이병에게 "등 밀어!"라고 했다.
이병은 병장의 등을 정성스럽게 밀었다.
이번에는 병장이 이병의 등을 밀어줄 차례.
이병의 등에 병장이 때 타월을 대고 말했다.
"움직여!"

커피를 타다가

여직원이 커피를 타다가 전화를 받았다.
"네, 설탕입니다."

지금 어디야?

내가 집에 전화했더니 엄마가 받았다.
엄마에게 이렇게 물었다.
"엄마, 지금 어디야?"

개밥까지 먹었어

한 남자가 식당에서 밥을 먹고 있었다.
그때 한 꼬마가 들어오더니 식당 주인에게 말했다.
"엄마, 개한테 밥 안 줘?"
식당 주인이 꼬마를 보고 말했다.
"조금만 기다려 봐. 저 손님이 먹고 남긴 거 줄게."
남자는 배가 고프던 차에 밥을 하나도 남기지 않고 다 먹어 버렸다.
그러자 꼬마가 울음을 터뜨리면서 말했다.
"엄마! 손님이 개밥까지 다 먹었어."

남편의 마음

아내가 평소와 달리 화려하게 치장을 하고 남편의 회사 앞으로 찾아갔다.

퇴근 시간이 되어 남편이 회사에서 나오자, 아내가 장난스럽게 다가가 섹시한 목소리로 말을 걸었다.

"너무 멋져서 뒤따라왔어요. 저와 식사라도 어때요?"

그러자 남편이 냉랭하게 말했다.

"됐소! 댁은 내 마누라랑 너무 닮아서 재수 없소!"

여자들의 수다

▶ 아내의 경우

남편: 누군데 현관에서 한 시간씩이나 이야기한 거야?

아내: 옆집 아줌마인데, 들어왔다 갈 시간이 없다잖아요.

▶ 처제의 경우

동서: 전화 그만하고 밥 먹어. 벌써 두 시간째 통화야!

처제: 언니, 이제 끊을게. 자세한 이야기는 내일 만나서 해.

▶ 딸의 경우

아빠: 웬일이야? 평소에는 한 시간 넘게 통화하더니 30분밖에 안 걸렸네?

딸: 아, 잘못 걸려온 전화였어요.

유 언

임종을 앞둔 아내가 유언을 했다.
"여보, 당신 나 죽으면 새 아내를 들일 거죠? 그렇다면 부탁할 게 있어요."
"말해 봐, 여보! 내가 다 들어줄게."
"그 여자에게 제 옷은 입히지 말아요."
"여보, 그런 거라면 걱정 안 해도 돼. 그 여자는 취향도 당신과 전혀 다르고 체격도 반대니까."

한민족의 자존심

일본에서 관광객이 놀러왔다.
한국인 가이드가 그를 동물원으로 데리고 가서 맨 처음에 호랑이를 보여줬다. 그랬더니 일본 관광객이 이렇게 말했다.
"한국 호랑이는 왜 이렇게 작습니까? 일본 호랑이는 집채만 합니다."
열 받은 가이드가 이번에는 코끼리를 보여줬다.
그랬더니 일본 관광객이 소리쳤다.
"한국 코끼리는 왜 이렇게 작습니까? 일본 코끼리는 산채만 합니다."
그래서 열이 잔뜩 오른 가이드가 맨 마지막 순서인 곳으로 데리고 갔다. 거기서는 캥거루가 열심히 이리저리 뛰고 있었다.

일본 관광객이 물었다.
"저건 뭡니까?"
그러자 한국인 가이드가 말했다.
"메뚜기 데스네!"

아저씨는 누구세요?

사오정이 수학 시험에서 10점을 받았다.
아버지는 화를 꾹 참고 "다음에 또 10점을 받아오면 내 아들이 아니다."라고 훈계했다.
한 달 뒤 시험을 보았다.
아버지가 사오정에게 물었다.
"그래, 이번엔 몇 점 받았지?"
그러자 사오정이 고개를 갸우뚱하며 말했다.
"아저씨는 누구세요?"

어쩌다가

어느 임신한 아줌마에게 한 아이가 물었다.
"아줌마, 뭘 드셨기에 배가 그렇게 커요?"
"이 배 안에는 우리 아이가 들어 있어서 그렇단다."
"어휴! 어쩌다 애를 삼켰대요?"

눈에는 눈, 이에는 이

어느 부부가 부부 싸움을 했다.
말하기가 싫은 남편이 아내에게 메모지를 건넸다.
'내일 아침 7시에 깨워줘.'
아침에 일어나 보니 8시.
화가 난 남편이 아내를 노려보았다.
아내가 손짓하는 곳에 메모지가 놓여 있었다.
'여보, 7시예요. 일어나세요!'

인내심 좀 기르시지

섬 처녀가 선을 보게 되었다.
드디어 맞선 보는 날이 되어 치장을 하고 준비를 끝마쳤는데, 시계를 보니 배가 출발할 시간이 임박해 있었다.
섬 처녀는 부리나케 뛰어갔는데, 배가 부두에서 2미터 정도 거리의 바다 위에 떠 있는 것이 아닌가.
섬 처녀는 있는 힘을 다해 점프를 했다. 물에 빠졌지만 다행히도 선원이 구해 주었다.
옷은 걸레가 되고 화장도 다 지워졌지만, 그래도 배를 탔다고 섬 처녀는 안도의 한숨을 내쉬었다.
그때 선원이 혀를 차며 말했다.
"아이구! 아가씨, 10초만 기다리면 배가 도착하는데."

이유가 뭘까?

음식을 다 먹고 난 손님이 웨이터에게 항의했다.
"2주 전에 여기서 먹은 음식은 맛있었는데, 오늘은 맛이 형편없네요. 왜 그렇죠?"
웨이터는 곰곰이 생각하더니 모르겠다는 표정으로 말했다.
"글쎄요. 분명히 둘 다 같은 날 구입한 재료인데……."

전교 1, 2등

전교생이 두 명뿐인 시골 벽지 중학교.
쉬는 시간에 두 학생이 싸우는 것을 본 교장 선생님 말씀.
"야! 너희들은 전교에서 1, 2등을 하는 놈들인데, 싸우면 어떻게 하나?"

급한 김에

헐레벌떡 경찰서에 뛰어든 한 남자가 다급하게 말했다.
"제발 나를 유치장에 가두어 주십시오. 지금 마누라를 몽둥이로 갈기고 오는 참이오."
"그래, 죽였단 말이오?"
"아, 그렇다면야 이렇게 보호해 달라고 뛰어왔겠소?"

무슨 꿍꿍이일까?

준호와 혜미가 데이트를 하던 도중 군부대의 사격 훈련장 옆을 지나게 되었다.

둘이서 한참 재미있게 이야기를 나누며 걷고 있는데, 갑자기 '탕탕탕' 하는 총소리가 들려왔다.

그 소리에 깜짝 놀란 혜미가 자기도 모르게 준호의 품을 파고들며 안겼다.

준호는 입가에 흐뭇한 미소를 띤 채 혜미의 등을 토닥이면서 말했다.

"우리 대포 구경하러 가자!"

솔직한 마음

남편은 병이 위중한 상태의 아내를 두고 떠날 수가 없어, 계속 그녀 곁을 지켰다.

그러던 어느 날 잠시 기력을 찾은 아내가 물었다.

"여보, 솔직하게 말해 줘요. ······만약 내가 죽으면 어떻게 할 건가요?"

그러자 남편이 대답했다.

"왜 그런 말을 해? 난 아마 미쳐 버릴 거야."

"하지만 당신은 재혼하겠죠?"

"그야 미쳐 버렸으니까 재혼하겠지."

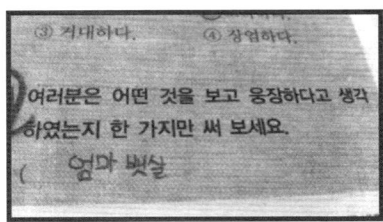
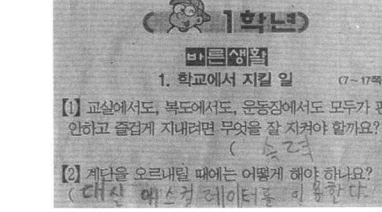

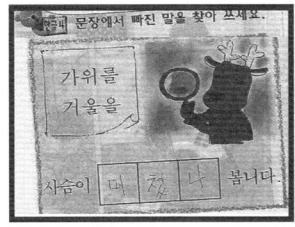
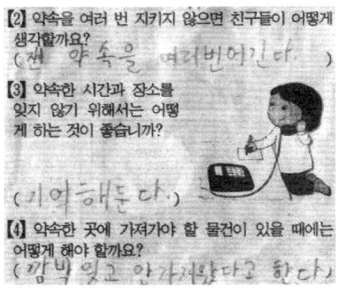

비가 많이 와서 큰 피해를 당한 수재민에게 어떤 말로 위로하면 좋을지 쓰시오.
★ 재민아 힘들겠지만 희망을 가져

화장실을 이용할 때에 화장실 문을 열기 전에 해야 하는 것은 무엇인지 쓰시오.
가꾸를 내린다

[3월]
다음과 같은 물건들을 살 수 있는 가게를 쓰시오.
쌀, 보리, 콩, 팥
(이마트)

[심화학습] 여러분이 엄마를 도와드렸을 때 엄마가 어떻게 하셨는지 말해 보고 적어 보세요.
★ 난 내가 들어가서 노는 게도 와주는 거야!

5. 엄마의 물음에 대한 답을 찾아 빈 칸에 써 보세요.
엄마: "이 병아리 어디서 키울까?"
나: "밖에서요"

6. 여러분이 병아리의 이름을 지어 보세요.
★ 이오리

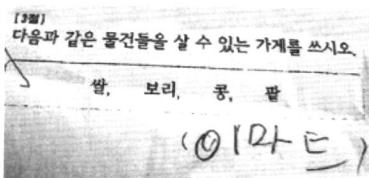

[1] 다음 그림은 어떤 약속을 나타낸 것인지 써 봅시다.
(최면을 걸고 있다.)

*글짓기
'엄마아빠'로 사행시를 지으시오!
엄 | 엄마는
마 | 마녀!
아 | 아빠는
빠 | 빠염!

과학
만유 인력의 법칙을 발견해 낸 사람은'
죽었다.

1 다음과 같은 경우에 알맞은 인사말은 무엇인가요?
옆집 아주머니께서 떡을 가지고 오셨습니다.
안 사요

문제
부모님은 우리를 왜 사랑하실까요?
그러게 말입니다

문제
옆집 아주머니가 사과를 주셨습니다. 뭐라고 인사해야 할까요?
뭐 이런걸 다

문제
남한 청년과 북한 처녀가 결혼을 하였습니다. 어떤 일들이 생길까요?
뜨거운 밤이 시작된다

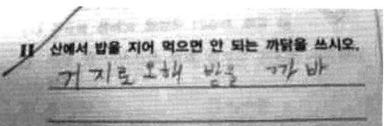

습 관

수업을 시작하는 종이 울리고 선생님이 들어오자, 한 학생이 손을 번쩍 들고 일어났다.
학생: 선생님! 저 화장실 좀 다녀오겠습니다.
선생님: 그래 다녀와라. 그런데 넌 쉬는 시간에는 뭘 하고 수업 시간이 되어 화장실에 가니?
학생: 선생님! 저는 자기 전에 화장실에 다녀오는 습관이 있거든요.

엽기 의사 선생님

나는 예전부터 허리가 아픈 사람이 침대에서 자는 게 좋을까, 아니면 방바닥에 요를 깔고 자는 게 좋을까가 궁금했다.
그래서 동네 병원에 가서 의사 선생님에게 물어봤다.
"허리 아플 땐 어디서 자는 게 더 좋을까요? 침대예요, 바닥이에요?"
그러자 그 의사 선생님은 침대에서 자는 게 훨씬 낫다고 했다. 그래서 난 침대의 스프링이 허리 근육을 지지해 주는 오묘한 의학적 비결이 있나 해서 그 이유를 물어봤다.
그러자 그 의사 선생님이 이렇게 말하는 것이었다.
"바닥에서 자면 아침에 일어나 무거운 이부자리를 개서 장롱에 넣어야 하잖아. 그럼 허리가 더 아파!"

실 수

　사원: 지금 막 봉급을 확인해 보니 5만 원이 부족합니다.
　경리: 알고 있어요. 지난달에는 5만 원이 더 갔습니다. 그런데 그때엔 아무 소리도 없었잖아요?
　사원: 어쩌다가 한 번쯤 실수하는 거야 그냥 넘길 수도 있지만, 두 번이나 연거푸 그런다면 그냥 넘길 수가 없죠!

탈 출

　한 정신병원에서 갑갑함을 참지 못한 두 명의 환자가 탈출을 시도했다.
　두 사람은 힘을 합해 침대 시트를 갈기갈기 찢은 다음 그 조각들을 묶어 탈출용 밧줄을 만들었다. 어느 정도 길이가 되자, 먼저 한 명이 밧줄을 창밖으로 던지고서 내려갔다.
　잠시 뒤 다른 한 명이 따라 내려가려는데 먼저 내려갔던 환자가 불쑥 올라와서는 말했다.
　"안 되겠어. 너무 짧아."
　두 사람은 옆방 시트도 몰래 가져오고 환자복도 벗어서 아까보다 훨씬 긴 밧줄을 만들었다. 이번에도 아까 먼저 내려갔던 환자가 탈출을 시도했다.
　그런데 잠시 후 그 환자가 다시 올라오더니 말했다.
　"도저히 안 되겠어. 이번엔 너무 길어."

난 알아요

초등학교 1학년 꼬마가 상스러운 말을 하는 것을 선생님이 들었다.
"애야, 그런 말을 하면 못 써! 누가 그런 말을 하더냐?"
"우리 아빠요."
"괜찮다. 어차피 넌 그게 무슨 뜻인지도 모를 테니까."
"아니에요. 전 알아요."
"그래? 무슨 뜻인데?"
"차 시동이 안 걸린다는 뜻이에요."

엄마 도와주기

유치원 선생님이 아이들에게 물었다.
"엄마를 어떻게 도와드리면 좋을까요? 한 명씩 말해 보세요."
한 아이가 대답했다.
"저는요. 설거지를 도와드릴 거예요."
다른 아이가 대답했다.
"저는 엄마 어깨를 주물러드릴 거예요."
또 다른 아이가 대답했다.
"저는 방 청소를 도와줄 거예요."
선생님이 아이들을 칭찬했다.
"참 잘했어요. 명석이도 한번 얘기해 보세요."

그러자 명석이가 대답했다.
"전 가만히 있을 거예요."
선생님이 물었다.
"왜 가만히 있어? 엄마 안 도와드릴 거야?"
그러자 명석이가 말했다.
"엄마가 그러는데요. 전 가만히 있는 게 도와주는 거래요."

외부 음식 반입 금지

두 남자가 간이식당에 들어가 자리를 잡았다.
탄산음료 두 잔을 주문한 그들은 가방에서 샌드위치를 꺼내 먹기 시작했다.
식당 주인이 그걸 보고 남자들에게 다가와 말했다.
"여기서는 자기가 가져온 음식을 드시면 안 되는데요."
그러자 두 남자는 먹는 걸 멈추고 서로 바라보더니, 각자가 먹던 샌드위치를 바꿔서 먹었다.

이 름

한 아주머니가 우는 아이를 업고 중얼거리며 걷고 있었다.
"우리 정민이 착하지. 정민아, 조금만 더 참자!"
이 모습을 보며 지나가던 할머니가 우는 아이에게 말했다.

"정민이 이놈, 그만 울지 못해! 엄마가 힘들게 업고 가는데 울긴 왜 울어. 계속 울면 정민이 이놈, 할머니가 혼낸다!"
그러자 아주머니가 할머니께 이렇게 말했다.
"할머니, 정민인 제 이름인데요."

꼬마의 한마디

한 꼬마가 공원에서 비둘기에게 빵을 뜯어 던져주고 있었다. 한 남자가 그 광경을 목격하고 진지한 목소리로 말했다.
"애야, 지금 아프리카에서는 먹을 게 없어 굶어죽는 사람들이 한둘이 아니란다. 그런데 너는 사람들도 못 먹는 빵을 새한테 던져주는구나."
그 말에 꼬마가 너무나 진지한 목소리로 대답했다.
"아저씨! 저는 그렇게 먼 데까지는 빵 못 던져요."

아버지와 아들

세 자녀를 둔 아버지가 장난감 하나를 사 오자, 아이들이 서로 장난감을 가지겠다고 싸웠다. 그것을 보고 아버지가 말했다.
"엄마 말에 고분고분하고 말 잘 듣는 사람이 가져라."
잠시 동안 아무 소리도 없던 아이들이 일제히 이렇게 말했다.
"그럼 아빠가 장난감 가지고 노세요!"

어머니와 딸

딸: 엄마, 잠이 안 와요.
엄마: 그러니? 그럼 하나에서 백까지 세어보렴.
한참이 지난 후 엄마가 딸에게 물었다.
엄마: 그래도 잠이 안 오니?
딸: 여든까지 셀 때는 졸렸는데, 엄마 말대로 백까지 다 세려고 꾹 참았어요.

저속한 말

한 부자가 아내의 집요한 설득에 못 이겨 교회에 나오게 되었다. 교회에 나온 첫날, 부자는 목사의 설교에 감동해서 신앙을 갖겠다고 결심했다.
예배가 끝난 후 부자가 목사를 찾아갔다.
"목사 양반, 그 빌어먹을 설교 졸라 좋았수."
그러자 목사가 말했다.
"감사합니다. 그러나 성스러운 예배당에서는 저속한 말씀을 삼가 주십시오."
"미안허우. 근데 난 버릇이 돼놔서……. 그놈의 설교를 듣고 내가 뿅 갔단 말이유."
"하지만 교회에선 말씀을 가려서 해주셔야 합니다."
그러자 부자가 손에 쥔 봉투를 내보이며 말했다.

"이런 제길! 이거 오백만 원인데, 헌금하지 말고 그냥 도로 가져가야 되겠구먼."

이 말에 목사가 대답했다.

"이런 빌어먹을! 형씨, 꺼낸 걸 뭘 도로 가져가? 빨리 헌금함에 처넣으라구!"

어느 교회 집사 부부

교회는 열심히 다니지만, 사이가 썩 좋지 않은 집사 부부가 있었다.

어느 주일날, 남편이 혼자서 저녁 예배에 갔다 오더니 설거지도 하고 집안 청소도 하는 등 부인을 위해 정성을 다하는 것이었다.

오랜만에 기분이 좋아진 부인이 대견해하는 눈초리로 남편을 바라보며 물었다.

"당신, 오늘 웬일이야?"

"……."

다음 날 아침, 어젯밤 일이 필시 목사의 설교 덕분이라고 짐작한 아내가 비싼 과일 바구니를 사 들고 목사를 찾아갔다.

"목사님, 감사합니다. 그리고 어제 저녁 설교가 참 좋았었나 봐요. '아내를 네 몸과 같이 사랑하라.'는 설교였나요?"

그러자 목사가 고개를 설레설레 흔들며 대답했다.

"아닌데요. '원수를 사랑하라.'는 설교였습니다."

모전여전(母傳女傳)

수업 중에 한눈을 잘 파는 여학생이 있었다. 그래서 담임 선생님이 어머니를 불러 면담을 했다.
담임 선생님이 물었다.
"따님이 수업 시간에 무척 산만하고 한눈을 잘 파는데, 어머니는 그런 문제에 대해 알고 계신가요?"
그러자 어머니가 한쪽을 가리키며 말했다.
"선생님, 저기 있는 창틀이 알루미늄 창틀 맞나요?"

택시 운전 첫날

택시를 타고 가던 승객이 뭔가 물어볼 것이 있어서 기사의 어깨를 두드렸다.
그러자 기사가 외마디 비명을 지르다 핸들을 놓쳤고, 그 바람에 택시가 중심을 잃어 버스와 충돌 일보 직전까지 갔다.
잠시 침묵이 흐른 뒤 기사가 말했다.
"너무 놀라 간담이 다 서늘했습니다."
역시 깜짝 놀란 승객도 사과하며 말했다.
"어깨를 두드린 것뿐인데 그렇게 놀랄 줄 몰랐어요."
이에 기사가 말했다.
"사실 오늘 택시 운전 첫날이에요. 지난 25년 동안은 장의사 차만 몰았거든요."

재치 있는 교장 선생님

어느 고등학교 교장 선생님이 새로 부임한 교사를 소개하려고 연단에 섰다. 그런데 학생들이 떠들어대는 바람에 제대로 말을 할 수가 없었다.
교장 선생님은 잠시 기다리다가 이렇게 입을 열었다.
"여기 선생님은 왼쪽 팔이 하나밖에 없습니다."
학생들이 일순간 물을 끼얹은 듯 조용해지더니 모두가 귀를 기울였다.
교장 선생님은 호흡을 가다듬고 이어서 조용히 말했다.
"오른쪽 팔도 하나밖에 없습니다."

베트남 전쟁 후유증

베트남 전쟁 후 고엽제 후유증으로 고생하는 사람들이 정부를 상대로 보상에 관한 협의를 진행하고 있을 때였다.
어느 날, 한 남자가 자신도 베트남 전쟁 때문에 인생을 망쳤다며 보상을 받겠다고 나섰다.
정부 관계자가 의아해하며 질문을 했다.
"베트남 전쟁이 당신의 인생을 망쳐놓았다고요? 그런데 조사해 보니 댁은 군대에 갔다 온 기록이 없던데요?"
그러자 남자가 당당하게 항변했다.
"제 아내의 전 남편이 베트남 전쟁에서 전사했거든요."

남편의 선물

남편이 아내의 생일을 맞이해서 다이아몬드 반지를 선물로 사주었다.
이 소식을 듣고 그의 친구가 말했다.
"자네 부인은 벤츠 승용차를 갖고 싶다고 하지 않았어?"
"맞아. 하지만 내가 어디서 가짜 벤츠를 구할 수 있겠나?"

아들의 호기심

아들: 엄마, 아기는 1kg에 얼마예요?
어머니: 아기는 파는 것이 아니란다.
아들: 그럼 왜 아기가 태어나자마자 무게를 재는 거예요?

술 취한 남자의 착각

밤에 술에 취한 사람이 경찰서에 전화를 했다.
"내가 술을 딱 한잔 먹고 내 차에 들어가 보니 오디오, 운전대, 브레이크, 액셀러레이터 등등 아무것도 없어요. 도둑놈이 몽땅 털어갔지 뭡니까?"
경찰이 막 순찰차를 보내려 할 때 전화벨이 다시 울렸다.
"안 오셔도 되겠네요. 제가 뒷자리로 잘못 들어갔습니다요."

일본 여성?

　한 회사원이 휴가를 내 호주로 여행을 가서는 가장 유명한 나이트클럽을 물어물어 찾아갔다.
　그가 도착한 그곳에는 미인이 너무 많아 눈을 어디에 둬야 할지 알 수 없을 정도였다.
　얼마간의 시간이 지나자, 어느 정도 적응이 됐다.
　그리고 혼자 앉아 있는 한 동양 여자가 보여 자세히 보니 한국 여자 같았다.
　타국 땅에서 한국인을 보니 너무나 반가운 나머지 그녀에게 다가갔다.
　"저…… 한국인이세요?"
　그러자 순간 그 여자가 말했다.
　"오, 노우! 아임 재패니즈! 스미마셍!"
　"어, 한국말로 물어봤는데?"

깜찍한 유치원생

　교사: 여러분! 10년 전에는 없었는데, 지금은 있는 것은 무엇일까요?
　유치원생: 저요!
　교사: 그래, 말해 보렴.
　유치원생: 그게 바로 저니까요.

택시 기사와 부녀

어느 날 밤, 한 택시 기사가 젊은 여자 손님을 태우게 됐다. 그 여자는 집으로 가는 내내 창백한 얼굴로 멍하니 앞만 바라보고 있었다. 기사는 좀 이상한 생각이 들었지만 그냥 그런가 보다 하고 계속 갔다.

이윽고 여자의 집에 도착했는데, 여자는 지금 돈이 없으니 집에 가서 가져오겠다고 하고선 들어갔다.

그런데 한참을 기다려도 여자가 나오지 않는 것이 아닌가!

화가 난 기사가 그 집 문을 두드렸다. 잠시 후, 안에서 중년의 남자가 나왔다.

기사는 자초지종을 얘기하며 남자에게 택시비를 달라고 했다. 그러자 남자가 깜짝 놀라면서 잠시 기다리라고 하더니, 안으로 들어가서 사진 한 장을 들고 나와 기사한테 물었다.

"혹시 그 여자가 이 아이였소?"

기사가 사진을 보더니 그렇다고 했다.

대답을 듣자마자 남자가 대성통곡을 하며 말했다.

"아이고! 야야, 오늘이 어떻게 네 제삿날인 줄 알고 왔느냐!"

이 말을 들은 기사는 등골이 오싹해져서 택시비고 뭐고 다 집어치우고 얼른 택시를 몰아 '나 살려라.' 하며 도망쳤다.

그때, 집 문 안에서 이런 얘기가 흘러나왔다.

"아빠, 나 잘했지?"

"오냐. 그런데 밤늦게 다니면 위험하니까 다음부터는 모범택시를 골라서 타도록 해라."

행복을 깨달은 남자

아내가 남편에게 말했다.
"여보! 당신이 친구한테 그랬다며?"
"뭐라고?"
"당신 친구 부인이 자기 남편한테 들었는데, 당신이 결혼 후에 비로소 진정한 행복을 알았다고 했다며?"
"응, 그랬어!"
"당신이 웬일이야?"
그러자 남편이 이렇게 대답했다.
"어~. 그건 사람이 뭐든 잃고 나면, 그때서야 그것의 소중함을 깨닫게 된다는 얘기야!"

낯익은 전화번호

쓰지도 않으면서 무엇이든 버리지 못하고 모아두는 습성이 있는 남편이 있었다.
하루는 아내가 '쓰레기' 같은 물건들을 알아서 처분하겠다고 선언했다.
어느 날, 남편은 인터넷에서 중고 장터를 검색하다가 최신식 운동기구가 아주 좋은 값에 나와 있는 것을 발견했다.
그런데 아무리 전화를 해도 계속 통화 중이었다. 그리고 한참 후에야 그것이 자기 집 전화번호라는 것을 깨달았다.

특 종

　인기 절정의 여배우가 병원에 입원했다는 소문이 나자, 여러 신문사 연예부에 비상이 걸렸다.
　한 여기자가 특종을 얻으려고 간호사로 변장한 채 병원으로 잠입해 들어갔다. 연예부장은 기발한 아이디어를 낸 여기자에게 감탄하며 보고를 기대하고 있었다.
　마침내 신문사로 돌아온 여기자에게 연예부장이 물었다.
　"그래, 특종은 건졌나?"
　쭈뼛거리며 여기자가 말했다.
　"죄송합니다. 여배우를 못 만났습니다. 타 신문사에서 온 의사가 저를 내쫓는 바람에……."

미술 시간

　석희네 반은 미술 시간 수업 중이었다.
　"여러분, 오늘은 목장 풍경을 한번 그려 보세요!"
　"네~!"
　선생님은 돌아다니면서 아이들 그림을 보고 하나하나 칭찬을 해주었다.
　"색깔이 참 예쁘구나."
　"소가 아주 튼튼해 보이는걸."
　그러다 선생님이 석희 자리에 갔는데, 석희의 도화지는 백지

그대로였다.
"석희야, 넌 어떤 그림을 그린 거니?"
"풀을 먹는 소를 그렸어요."
"풀은 어디 있니?"
"소가 다 먹었어요."
"그럼 소는?"
"선생님도 참! 소가 풀을 다 먹었는데 여기 있겠어요?"

무신론자와 무식한 사람의 차이

어느 무신론자가 종교인에게 말했다.
"신이 존재한다는 증거를 대보세요. 그러면 나도 기꺼이 신을 믿겠습니다."
종교인이 대답했다.
"어느 한 부분이라도 성경을 읽어보셨습니까?"
"아니요."
"그럼 불경은 읽어보셨나요?"
"그것도 안 읽었소."
"그럼 철학자나 현인들의 글은 읽어보셨습니까?"
"아니요, 난 그런 건 읽지 않소."
그러자 종교인이 한숨을 쉬면서 결론을 내렸다.
"그렇다면 당신은 진정한 무신론자가 아닙니다. 당신은 그저 무식한 사람일 뿐입니다."

재치 만점

체육 시간에 한 학생이 늦게 운동장에 나왔다.
선생님이 벌로 누워서 자전거 타기를 시켰다.
그런데 시간이 지나자 학생이 그냥 발을 뻗고 누워 있는 것이 아닌가.
열 받은 선생님이 소리쳤다.
"야! 너 왜 안 해?"
학생이 느긋하게 대답했다.
"지금 내리막길인데요."

미국 다녀온 개구리

미국에 다녀온 개구리가 주위들은 영어 몇 마디로 유식함을 자랑하고 싶어 안달이 났다.
들판을 뛰어다니는데 소 한 마리가 나타났다.
"소야, 너는 무얼 먹고 사니?"
"나는 풀을 먹고 산단다."
"오우! 샐러드!"
이번엔 호랑이를 만났다.
"호랑이야, 너는 무얼 먹고 사니?"
"나는 고기를 먹고 산단다."
"오우! 스테이크!"

영어 실력 자랑에 기분이 좋아진 개구리는 더욱 폴짝거리며 들판을 헤집고 다녔다.

그러다가 커다란 뱀을 만났다.

"뱀아, 너는 무얼 먹고 사니?"

"너처럼 혀 꼬부라진 개구리를 잡아먹고 살지!"

개구리는 재빠르게 뒤로 물러서며 말했다.

"아따, 성님! 왜 그런다요?"

일거양득

남편: 당신은 밍크코트하고 영국 여행하고 어느 쪽이 낫겠어?

아내: 그건 왜 묻는 거죠?

남편: 결혼 30주년 기념으로 밍크코트를 사주든가, 아니면 영국 여행을 가든가 하려고.

아내: 영국으로 여행 가요. 거긴 밍크코트 값이 여기보다 훨씬 싸다고요.

불면증

고질적인 불면증을 호소하는 환자에게 의사가 처방을 내렸다.

"불면증에서 해방되고 싶다면 절대로 걱정거리를 침대까지 갖고 가서는 안 됩니다."

그러자 얼굴이 핼쑥해진 환자가 대답했다.
"하지만 선생님, 그 방법은 무리입니다. 아내는 절대로 혼자서 자려고 안 하는걸요."

강박 장애

한 의학단체가 어떤 행위나 의식을 반복적으로 행하는 강박 장애를 가진 실험 대상자를 구하려고 신문 광고를 냈다.
광고 호응도가 너무 높아 단 하루 만에 300명이나 되는 지원자가 몰렸다.
그런데 안타깝게도 그 신청은 모두 한 사람이 한 것이었다.

농부와 팬티

팬티가 뭔지도 모르는 한 농부가 있었다. 그러던 어느 날 팬티 외판원이 그 농부에게 팬티를 팔러 찾아왔다.
외판원이 자기 회사 제품의 장점을 설명하는 중에 농부가 손사래를 치며 불쑥 물었다.
"쉽게 말해 팬티를 입으면 뭐가 좋나요?"
외판원이 자신 있게 대답했다.
"첫째, 깨끗합니다. 둘째, 보온 효과가 좋습니다. 셋째, 착용감이 좋습니다."

순진한 농부는 외판원의 말을 듣고 팬티를 사서 입고 다녔다.
어느 날 일하러 가려던 농부는 대변을 보고 싶었다. 그래서 평소 습관대로 바지만 내리고 팬티는 내리지 않은 채 앉아서 힘을 주었다. 그리고 아래를 보니 대변이 보이지 않았다.
농부가 말했다.
"음, 역시 깨끗하군!"
대변을 보고 일어나서 바지를 올리자 엉덩이가 따뜻했다.
"오, 역시 보온 효과가 뛰어나군!"
경운기에 올라앉은 농부는 엉덩이가 푹신함을 느꼈다.
"오호, 착용감이 끝내주는군!"

술 취한 남자

여자: 경찰관님, 어떤 남자가 절 자꾸 따라와요. 술 취한 것 같던데…….
경찰: (여자 얼굴을 한번 흘끔 보고 나서) 제 생각에도 그 남자는 술에 취했을 것 같네요.

결 점

어떤 사람이 친구에게 말했다.
"우리 사위는 나무랄 데가 없는 사람인데, 딱 한 가지 결점이 있어."
"그게 뭔가?"
"노름을 할 줄 모른다는 거야."
"그걸 결점이라고 할 수는 없지 않은가?"
"천만에! 할 줄도 모르면서 자꾸 하는 게 문제지."

뛰는 사람 위에 나는 사람

중국집에 짜장면을 시켰는데 30분이 지나도 오지 않았다. 화가 나서 전화를 했다.
"중국집이죠? 아까 짜장면 시켰는데……."
"벌써 출발했습니다. 곧 도착할 겁니다."
"아, 아쉽다. 탕수육 하나 추가하고 싶었는데……."
"잠깐만요! 출발한 줄 알았는데 아직 안 했네요."
"정말요?"
"네, 출발 안 했어요."
"그럼 모두 취소할게요!"

미련한 남자들의 장사

미련한 남자 둘이 수박 장사를 해서 돈을 벌어보기로 했다. 그들은 트럭을 몰고 시골에 가서 한 통에 천 원씩 수박 한

차를 사 왔다.

한 통에 천 원이라고 하니 한 시간도 채 안 돼서 수박이 모두 팔려 버렸다.

두 사람은 좋아하면서 돈을 헤아려 봤다. 그런데 수박을 사는 데 들인 액수와 똑같아, 기쁨이 낙담으로 바뀌었다.

한 사람이 투덜대다가 동료에게 한마디 했다.

"내가 뭐랬어? 큰 트럭으로 하자고 했잖아!"

환자와 의사

환자가 건강 검진을 위해 병원에 갔더니, 의사가 물었다.

의사: 환자님, 지난번에 치료비로 내신 수표가 부도났던데 어떻게 된 겁니까?

환자: 피장파장이네요. 내 관절염도 재발했으니까요.

결혼은 했지만……

10년 만에 대학 동창끼리 만났다.

한 친구가 물었다.

"그때 그 여자랑 결혼했어? 아니면 아직 혼자 밥을 해먹어?"

다른 친구가 대답했다.

"응, 결혼은 했는데 밥은 여전히 내가 해먹어."

우리 집에 아무도 없어

어느 날 여자 친구에게 전화가 왔다.
"자기야, 우리 집에 아무도 없어."
이게 웬일인가 싶어 부리나케 달려갔다. 아무도 없으니 놀러오란 소리겠지…….
그녀의 집에 도착해서 초인종을 마구 눌러댔다.
그러나 정말 그녀의 집에는 아무도 없었다. .

기억력

특이하고 별난 사람이라면 무조건 찾아가서 만나봐야 직성이 풀리는 남자가 있었다.
어느 날, 서울역 앞에 기억력이 무지무지하게 좋은 노인이 구걸하고 있다는 소문을 듣고 당장 집을 나섰다.
과연 서울역 앞에는 70대의 노인 하나가 구걸을 하고 있었다.
남자가 노인에게 가서 물었다.
"어르신! 기억력이 그렇게 좋으시다면서요?"
"허, 그저 그래."
"열다섯 살 되는 생일날에 점심은 무얼 드셨습니까?"
노인은 가만히 생각하더니 이렇게 답했다.
"계란."
고수는 고수를 알아보는 법. 두말하지 않고 남자는 고개를 끄덕이며 10만 원짜리 수표를 구걸함에 넣고 자리를 떴다.

그로부터 10년 뒤. 남자가 다시 서울역 앞을 지나게 되었는데, 그 노인이 아직도 구걸하고 있는 것을 발견했다.

남자는 놀랍기도 하고 반갑기도 해서 그 노인에게 다가갔다. 그리고 다음과 같이 물었다.

"어떻게……?"

그러자 이제는 80대가 된 노인이 남자를 쓱 쳐다보더니 구걸함을 남자 쪽으로 내밀면서 한마디 했다.

"삶아서……."

중국집 아들 시험 답변

중국집 아들이 시험을 보고 집에 오자 엄마가 물었다.
"오늘 시험 잘 봤니?"
"두 개만 빼고 다 맞았어요."
"무슨 문제였는데?"
"보통의 반대가 뭐냐는 문제였어요."
"뭐라고 썼는데?"
"곱빼기요."
"또 하나 틀린 것은 무슨 문제였는데?"
"서비스라는 단어 풀이 문제였어요."
"뭐라고 썼는데?"
"군만두요."

장수(?)의 비결

한 여자가 공원 벤치에서 명상을 하고 있는 노인을 지켜보다가 다가갔다.
"할아버지, 너무 행복해 보이세요. 그렇게 행복하게 오래 살아오신 비결이 뭐예요?"
할아버지가 대답했다.
"난 하루에 담배를 세 갑 피우고, 소주를 두 병씩 마신다네. 또 기름진 음식을 먹고 운동은 절대로 안 하지."
"놀랍군요! 그런데 연세가 어떻게 되시죠?"
"마흔둘."

꼬마 낙타

꼬마 낙타가 엄마한테 물었다.
꼬마 낙타: 엄마, 우리 등에는 왜 혹이 있는 거야?
엄마 낙타: 응, 그건 사막에서 오랫동안 물 없이도 살 수 있게 하기 위해서야.
꼬마 낙타: 엄마, 왜 우리 발은 이렇게 넓적하고 털이 많아?
엄마 낙타: 그건 말이야, 사막 모래에 안 빠지기 위해서야.
꼬마 낙타: 엄마, 그러면 우리 눈썹은 왜 이렇게 길어?
엄마 낙타: 그건 모래가 눈에 안 들어가게 하기 위해서야.
꼬마 낙타: 엄마, 그런데 우리는 동물원에서 뭐 하는 거야?

7개월 동안의 이라크 전쟁에서 돌아온 엄마 테리와 딸의 재회.

영양실조에 걸린 아이를 위해 자신의 젖을 물린 경찰관.

시리아 난민 소녀와 '반지 숨기기' 놀이를 하고 있는 덴마크 경찰.

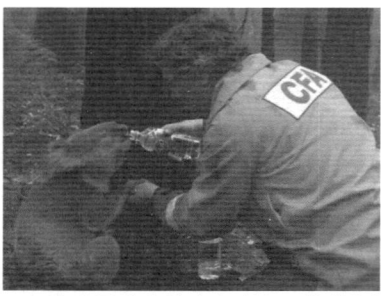

2009년 호주에서 일어난 산불로 황폐해진 숲에서 코알라에게 물을 주는 소방수.

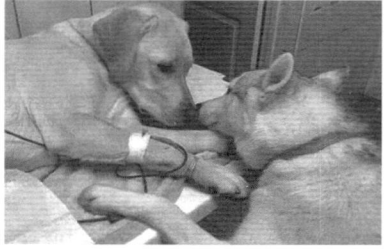

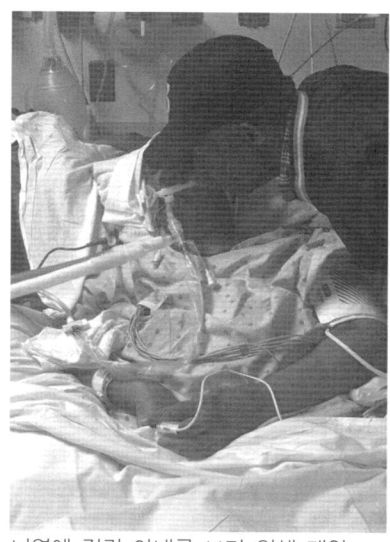
뇌염에 걸린 아내를 보기 위해 매일 19km를 걸어오는 98세의 남편.

작별 인사를 나누는 같은 반 친구들.

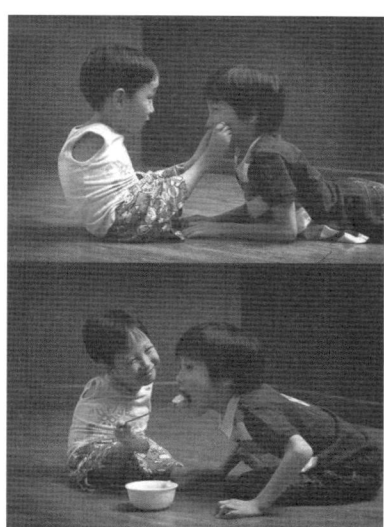
두 형제의 모습. 언뜻 동생으로 보이는 두 팔 없는 아이가 형인 태호, 그 옆이 세 살 어린 동생 성일.

변호사의 허점

변호사는 거짓 증언을 하는 증인의 허점을 잡은 것으로 확신하고 신문을 했다.
"담 높이가 3미터나 된다고 했습니다. 그리고 증인은 지상에 있었다고 했죠? 그렇다면 키가 165센티밖에 안 되는 증인이 어떻게 3미터나 되는 담 너머에 있는 피고의 행동을 목격할 수 있었는지 설명해 보세요!"
증인이 대답했다.
"담에 구멍이 있었습니다."

까다로운 고객

백화점 직원이 까다로운 여성 고객을 맞아 고군분투하고 있었다. 직원은 참을성 있게 시중을 들었으나 고객의 마음에 드는 물건을 찾아내기가 여간 어려운 것이 아니었다.
직원이 내보이는 그 어떤 물건도 그 여성 고객의 요구 조건과 딱 맞아떨어지지 않았다.
마침내 그 까다로운 고객이 화를 냈다.
"좀 똑똑한 직원 누구 없어요?"
지쳐 버린 백화점 직원이 이렇게 쏘아붙였다.
"없습니다. 똑똑한 직원은 댁이 들어오는 걸 보고 사라져 버렸습니다."

고정관념

스승이 제자들을 모아놓고 말했다.
"다들 모였느냐? 너희들의 공부가 얼마나 깊은지 알아보겠다. 어린 새끼 새 한 마리가 있었느니라. 그것을 데려다가 병에 넣어 길렀느니라. 그런데 이게 자라서 병 아가리로는 꺼낼 수 없게 됐느니라. 그냥 놔두면 새가 더 커져서 죽게 될 터인데, 말해 보거라. 병을 깨지 않고 새도 살리려면 어떻게 해야 되겠느냐?"
제자 한 명이 말했다.
"새를 죽이든지 병을 깨든지 둘 가운데 하나를 고르는 수밖에 없습니다."
그러자 스승 왈. "이놈! 누가 그런 뻔한 소리 듣자고 화두(話頭)를 꺼낸 줄 아느냐?"
그러자 다른 한 제자가 말했다.
"새는 삶과 죽음을 뛰어넘어 피안의 세계로 날아갔습니다."
스승 말씀. "제정신이 아니구나. 쯧쯧쯧."
그러자 또 한 제자가 말했다.
"병도 새도 삶도 죽음도 순간에 나서 찰나에 사라집니다."
이에 스승의 호통. "네놈도 썩 물러가라. 나무아미타불! 모르면 가만히 있어라."
또 한 명의 제자가 말했다.
"위상 공간에서 유클리드 기하학이…… 3차원 벡터가 한 점을 지나는……."
스승. "귀신 씨나락 까먹는 소리!"

또 다른 제자가 말했다.

"새는 병 안에도 있지 않고, 병 밖에도 있지 않습니다."

스승. "뜬구름 잡는 소리 하고 자빠졌구나."

그러자 제자들이 이구동성으로 말했다.

"스승님, 저희들 머리로는 도저히 모르겠습니다. 도대체 답이 무엇입니까?"

"가위로 자르면 되느니라. 그건 페트병이었느니라. 관세음보살……."

할아버지와 손자

할아버지: 얘, 저기 너희 담임 선생님 오신다. 어서 숨어라. 너 오늘 학교 땡땡이쳤다면서?

손자: 할아버지가 숨으세요! 저, 선생님한테 할아버지가 돌아가셨다고 했거든요.

부서 회식 자리에서

월말에 꽤 고급스러운 소갈비 집에서 부서원 회식이 열렸다. 소갈비가 먹음직스러운 냄새를 풍기며 구워지고 있을 때, 후배 한 명이 아주 궁금하다는 듯 좌중을 둘러보며 물었다.

"이거 2백 그램에 3만5천 원 하는데…… 뼈 빼고 2백 그램입니까, 뼈까지 해서 2백 그램입니까?"
 잠시 썰렁해진 회식 자리. 잠시 후 선배 한 명이 소주 한 잔을 목구멍으로 탁 털어 넣으며 이렇게 말했다.
 "야! 인마, 너는 몸무게 달 때 뼈는 빼놓고 다냐?"

공처가의 항변

 공처가가 앞치마를 빨고 있는데 친구가 놀러왔다.
 친구: 한심하긴! 마누라 앞치마나 빨고 있으니…….
 공처가: 말조심해! 내가 어디 마누라 앞치마나 빨 사람으로 보여! 이건 내 거야, 내 게!

아내의 시력

 중년의 아내가 홀랑 벗은 맨몸으로 안방 화장대 거울을 바라보며 남편에게 말했다.
 "내 몸매가 형편없어 보여요. 온통 비곗살에 군살이고 주름까지 자글자글하니……. 뭐 칭찬할 만한 점은 없나요?"
 남편이 곁눈질로 보더니 말했다.
 "당연히 있지."
 아내가 기쁜 마음에 뭐냐고 묻자, 남편이 대답했다.
 "시력은 아주 좋은 것 같아."

졸부의 아내 자랑

졸부가 아름다운 아내를 얻자, 엄청난 돈을 들여 온갖 귀금속과 아주 비싼 옷으로 꾸며주었다. 그리고는 사람들을 초청해서 아내 자랑을 했다.
"어때요? 우리 집사람 너무 아름답죠? 우리 집사람에게 안 어울리는 것이 있나 찾아볼래요?"
그러자 사람들이 동시에 대답했다.
"당신이요!"

부부 문제 상담소

문제가 있는 부부가 '부부 문제 상담소'를 찾았다.
이런저런 질문을 던지며 이야기를 다 듣고 난 상담소장이 여자에게 다가가 일어나라고 하더니 덥석 껴안았다.
그리고 그녀의 남편에게 말했다.
"적어도 하루에 한 번은 부인에게 이렇게 해드려야 해요."
남편이 눈살을 찌푸리며 잠시 생각하더니 대답했다.
"알았어요. 내일 몇 시에 데리고 올까요?"

꼬마와 여선생

처녀 선생님이 수학 문제를 냈다.
"전깃줄에 참새가 다섯 마리 앉아 있는데, 포수가 총을 쏴서 한 마리를 맞혔어요. 몇 마리 남았을까요?"
꼬마가 대답했다.
"한 마리도 없어요. 총 소리에 놀라 다 도망가니까요."
"정답은 네 마리란다. 하지만 네 생각도 일리가 있는걸."
그러자 이번에는 꼬마가 문제를 냈다.
"선생님, 세 여자가 아이스크림을 먹고 있어요. 그런데 한 명은 핥아먹고, 한 명은 깨물어먹고, 다른 한 명은 빨아먹고 있어요. 어떤 여자가 결혼한 여자일까요?"
얼굴이 빨개진 선생님이 대답했다.
"빨아먹는 여자가 아닐까?"
"정답은 결혼반지 낀 여자예요. 하지만 선생님의 생각도 일리가 있네요."

이상한 집

깨밭을 매던 할머니는 건너편에 새로 들어선 5층 건물에 승용차들이 쉴 새 없이 들락날락거리는 이유가 궁금했다. 더욱 이상한 점은 승용차에는 꼭 남녀가 한 명씩 타고 있는 것이었다.
'도대체 누구 집인데 무슨 일로 차들이 저렇게 드나들까?'
마침 지나가는 청년을 붙잡고 물어보았다.
"젊은 양반, 뭐 좀 물어보세. 저 집은 뭘 하는 집인데 무슨 일로 자가용들이 밤낮 없이 드나드는 겐가?"
젊은이는 설명이 궁해 머뭇거리다가 기막힌 대답을 떠올렸다.
"저 집이 뭐 하는 집인지는 저도 잘 모르고요. 하여간 들어가는 사람은 조선 사람이구요, 나오는 사람은 일본 사람이에요."
할머니는 지금까지도 그 말뜻을 알지 못하고 있다.

일본인 여비서

우리나라에 온 지 얼마 되지 않아 한국말도 서툴고 발음도 부정확한 일본인 여비서가 있었다.
어느 날 전화가 왔다.
"따르르르릉……."
여비서: 여보요? (여보세요?)
전화 건 사람: 네?
여비서: 누구 자지세요? (누구 찾으세요?)

상대방은 어이가 없었지만 용건을 얘기했다.
"저 사장님 조카인데요, 사장님 좀 바꿔주세요."
여비서가 사장에게 말을 전했다.
"존나 왔습니다. (전화 왔습니다.)"
사장은 황당했지만, 비서가 우리말 발음을 제대로 못한다는 것을 알고 있었기에 아무렇지 않은 듯 물어보았다.
"전화 왔다고? 누군데?"
여비서가 대답했다.
"조까라는데요. (조카라는데요.)"

단단한 놈

한 단과 대학에서 회장 선거 때 있었던 일이다. 후보로 출마한 사람이 남자 한 명, 여자 한 명이어서 남녀대결이 되었다.
그런데 남자는 키가 155센티였고, 여자는 170센티로 훤칠한 데다 미인이었다. 도저히 게임이 될 것 같지 않아, 남자가 자신의 단점을 강점으로 내세운 슬로건을 생각해냈다.
'작지만 단단한 놈, 이강석'
이렇게 플래카드도 만들어 매달고, 건물 옥상에는 정성스럽게 글자 하나하나를 색지로 오려서 붙였다.
그런데 다음 날 옥상에 붙인 색지 중 첫 글자의 기역자가 바람에 떨어져서, '자지만 단단한 놈, 이강석'이라고 붙어 있었다.
이후 선거를 치렀는데 예상 외로 압도적인 당선이었다고…….

수상한 손님

한 남자가 이발소에 들어와 물었다.
"머리 깎으려면 얼마나 있어야 하나요?"
이발사는 기다리고 있는 손님들을 둘러본 다음 말했다.
"두 시간 걸리겠는데요."
그 소리를 들은 남자가 그냥 돌아갔다.
며칠 뒤, 그 사람이 다시 이발소에 고개를 들이밀며 물었다.
"머리 깎으려면 얼마나 기다려야 해요?"
"한 시간 반이요."
역시 그날도 남자는 기다리지 않고 그냥 돌아갔다.
이발사는 궁금해져서 옆에 있던 친구에게 부탁했다.
"이봐, 저 친구 따라가서 어느 이발소로 가는지 좀 알아봐."
잠시 후 친구가 돌아와서 이발사에게 말했다.
"그 친구, 자네 집으로 가던데?"

끝까지 들어봐!

의처증이 심한 남편이 아내만 남겨둔 채 해외출장을 갔다 돌아와, 아파트 경비 아저씨에게 물었다.
"그동안 누구 찾아온 사람 없었죠? 특히 남자들?"
경비 아저씨가 시큰둥하게 대답했다.
"없었는데요. 짜장면 배달 청년만 이틀 전에 한 번 왔어요."

남편이 안도의 한숨을 내쉬며 말했다.
"휴우, 안심이 되네요."
그러자 경비 아저씨 역시 한숨을 내쉬며 말했다.
"그런데 그 청년이 아직도 안 내려왔어요."

코가 큰 사위

어느 부유한 가정에서 과년한 딸을 시집보내게 됐는데, 부인은 약혼한 총각의 코가 너무 큰 것이 마음에 걸렸다.
"여보! 사위 될 사람의 코가 너무 크지 않아요?"
"크면 어때? 남자 코는 클수록 좋지, 뭘 그래?"
"그럼 그것도 크다던데……. 우리 애가 감당할 수 있을지 걱정이 돼서 잠을 이룰 수가 없어요."
"그건 괜한 속설일 뿐이요."
"그렇지만 당신이 어떻게 좀 알아볼 수 없을까요?"
부부는 의논 끝에 끼가 많은 자기 집 파출부에게 돈을 듬뿍 주고 부탁을 했다. 하룻밤을 자고 온 파출부 아줌마가 그냥 싱글싱글 웃기만 했다.
"그래, 어땠어요? 견딜 만했나요?"
"사모님, 염려할 필요 전혀 없습니다."
"그래요? 참 다행이네요. 사이즈는?"
"호호호! 이 집 아저씨와 거의 똑같다고 보면 돼요!"

네 자매의 첫날밤

친정 엄마가 갑자기 딸 넷의 첫날밤이 어땠는지 궁금해져 메시지를 보냈다. 그랬더니 다음과 같이 답신들을 보내왔다.

첫째 딸: 엄마, 우리 그이는 레간자야.
둘째 딸: 우리 남편은 사발면이야. 어쩌면 좋지?
셋째 딸: 그 사람은 애니콜이야.

(레간자: 소리 없이 강하다. / 사발면: 3분이면 OK / 애니콜: 때와 장소를 가리지 않는다.)

그런데 막내딸에게서는 답신이 오지 않아 전화를 걸어 물었다. 그랬더니 "엄마의 막내 사위는 새마을호야." 하는 것이 아닌가.

그게 무슨 뜻인지 궁금해진 친정 엄마는 직접 새마을호를 타고 부산에 갔지만, 부산역에 도착할 때까지도 알아낼 수가 없었다. 그런데 내릴 준비를 하고 있는데 이런 안내방송이 나왔다.

"지금까지 저희 새마을호를 이용해 주신 승객 여러분, 대단히 감사합니다. 저희 새마을호는 1일 8회 왕복 운행을 하고 있으며, 승객 여러분의 편의를 위해 주말에는 15회 왕복 운행을 하고 있습니다."

우리 마누라처럼은 못할걸?

어떤 남자가 하루 일과를 마치고 집으로 가는데, 거리의 꽃이 다가와서 유혹을 했다.

"아저씨, 놀다 가용~."
그러자 남자가 무뚝뚝하게 대꾸했다.
"지금 집에 가는 중이야!"
그래도 거리의 여자가 계속 따라붙었다.
"제가 끝내줄게용~."
남자는 걸음을 멈추고 여자를 바라보며 말했다.
"끝내준다고? 그래도 우리 마누라처럼은 못할걸?"
"어머! 사모님 테크닉이 굉장하신가 보죠?"
거리의 여자는 단념하지 않고 계속 캐물었다.
"사모님은 어떻게 해주시는데요?"
그러자 남자가 대답했다.
"우리 마누라는 늘 공짜거든!"

침실의 조각상

한 사내가 좋아하는 유부녀 집에 가서 침대에서 막 즐기고 있는데 초인종이 울렸다.
"어쩌죠? 우리 남편이 일찍 돌아왔나 봐요."
"베란다에서 뛰어내릴까?"
"우리 집이 1층이 아니고 11층이란 걸 모르세요?"
남자는 그 말에 옷을 주섬주섬 입으려고 했다.
그러자 여자가 남자의 옷을 빼앗고는 남자의 온몸에 베이비오일을 발랐다. 그런 다음 파우더를 칠하더니 방구석에 서 있게 했다. 그 모습이 마치 석고상 같았다.
"됐어요. 움직이지 말아요!"
남편이 들어왔다.
"이게 뭐지?"
"고등학교 동창생 선영이네 집에 갔는데 침실에 있는 조각상이 좋아 보이더라고요. 그래서 저도 하나 사왔어요."
"흠, 괜찮은데!"
남편은 더 이상 묻지 않았다.
그들 부부는 곧 잠을 청하러 침대로 갔다.
새벽녘에 남편이 일어나 부엌으로 나갔다. 그리고 물 한 잔을 갖고 들어와서 그 사내에게 건넸다.
그러면서 낮은 목소리로 이렇게 말했다.
"자, 이거라도 한잔 드쇼. 나도 얼마 전에 선영 씨네 침실에서 당신처럼 서 있는데, 물 한 잔 갖다 주는 사람 없습디다."

남자와 여자의 생각 차이

만난 지 6개월 정도가 된 미혼 남녀가 있었다.
남자는 어떻게든 여자와 잠자리를 하고 싶었다.
하지만 여자는 결혼을 약속하기 전까지는 안 된다며 남자의 요구를 완강하게 거절했다.
이에 심술이 난 남자가 여자에게 말했다.
"수박 한 통을 사더라도 잘 익었는지 안 익었는지 먼저 따보고 산다는 거 몰라?"
그러자 여자가 대꾸했다.
"그럼 자기는 한번 따버린 수박은 안 팔린다는 거 몰라?"

거시기 크기 자랑

남자 몇 명이 모여서 누구의 거시기가 제일 큰지 입씨름을 하고 있었다.
"누가 뭐래도 동철이 거시기가 최고야. 참새 열두 마리가 앉은 다음 열세 마리째 참새는 한쪽 다리를 들고 있을 정도거든."
"무슨 소리야? 정환이는 한강에서 수영할 때 거시기가 바닥에 닿을 정도라고!"
두 사람의 얘기를 가소롭다는 듯 듣고 있던 친구가 말했다.
"어찌 그 정도를 가지고 크다고 할 수 있나? 내 친구 윤석이는 태평양 너머 미국에 있는데, 윤석이 마누라는 여기서 애를 낳았다니깐……."

수많은 밤을 보내고

모델처럼 예쁜 아가씨가 값비싼 털가죽 코트를 입고 길거리에 나섰다.
그러다가 도중에 '야생동물보호협회' 회원들과 마주쳤다.

그 일행 가운데 대표로 보이는 사람이 그녀의 털가죽 코트를 손짓하며 말했다.

"아가씨! 이 코트를 만드는 데 얼마나 많은 동물들이 희생되는지 아십니까?"

아가씨가 눈을 치켜뜨고 되물었다.

"여보세요! 이 털가죽 코트를 사 입으려고 얼마나 많은 짐승들과 수많은 밤을 보냈는지 알기나 해요?"

3만 원짜리

부부가 휴가를 떠났다.

아내가 짐을 푸는 사이 남편 혼자 해변을 거닐고 있었는데 한 여자가 다가와서 말했다.

"아저씨, 5만 원에 해드릴게요. 어때요?"

남자가 장난삼아 대꾸했다.

"나 지금 3만 원밖에 없는데, 어떻게 안 될까?"

"아니, 이 아저씨가! 나를 아주 싸구려로 아시나? 딴 데 가서 알아보셔!"

남자가 호텔에서 나와 아내와 저녁을 먹고 해변을 산책하다가 아까 그 여자와 다시 만났다.

그 여자는 주위 사람들에게 다 들리도록 크게 말했다.

"아저씨, 용케 3만 원짜리 구하셨네!"

엽기 맞선

한 아가씨가 더운 여름날 주변의 간곡한 부탁에 못 이겨 맞선을 보게 되었다.

한껏 멋을 부리고 약속 장소에 나갔는데 맞선을 보기로 한 남자가 두 시간이 지나서야 나타났다.

잔뜩 열이 올라 있던 아가씨가 입을 열었다.

"개새끼…… 키워보셨어요?"

그러고는 속으로 쾌재를 불렀다. 그런데 남자가 입가에 뜻모를 미소를 지으며 대답하는 것이었다.

"십팔 년…… 동안 키웠죠."

헉! 강적이다. 속으로 고민하던 아가씨가 새끼손가락을 세워 올리면서 말했다.

"이 새끼…… 손가락이 제일 예쁘지 않나요?"

하지만 지지 않는 맞선 남. 이번에도 어김없이 말을 받아쳤다.

"이~ 년이…… 있으면 다음에 또 만나겠죠."

짐승만도 못한 놈

남자와 여자가 여행 중에 모텔에 투숙했다.

방에 들어가자마자 여자가 바닥에 선을 쭉 그으면서 말했다.

"자기, 이 선을 넘어오면 짐승이야!"

남자는 어쩔 수 없이 알았다고 말한 뒤 금세 잠이 들었다.

남자가 다음 날 일어나보니 여자가 무릎을 세우고 앉아 고개를 푹 숙이고 있었다.
"왜 그래? 잠 안 잤어?"
남자의 말에 여자가 째려보면서 내뱉었다.
"짐승만도 못한 놈!"

왜 자꾸 더듬어요?

유명한 남성 디자이너의 의상실에 무척 뚱뚱한 여성 고객이 옷을 맞추러 왔다. 그런데 줄자를 들고 온 남성 디자이너가 치수는 재지 않고 그녀의 몸을 계속 더듬기만 하는 것이었다.
참다못한 뚱뚱한 여자가 소리를 버럭 질렀다.
"왜 자꾸 더듬어요!"
남성 디자이너가 쩔쩔매며 말했다.
"죄송합니다, 손님. 아직 허리를 못 찾아서 그래요."

열쇠 구멍

수영장에 온 아가씨가 탈의실에서 수영복을 꺼내 막 갈아입으려는데, 갑자기 문이 열리면서 빗자루를 든 청소부 할아버지가 들어왔다.
기가 막힌 아가씨가 큰 소리로 할아버지에게 따졌다.

"어머나! 노크도 없이 들어오면 어떡해요! 옷을 입고 있었으니 망정이지, 안 그랬다면 어쩔 뻔했어요?"

그러자 할아버지가 빙긋이 웃으면서 말했다.

"난 그런 실수는 절대로 안 해. 들어오기 전에 꼭 열쇠 구멍으로 들여다보고 확인하거든."

할머니의 유혹

할아버지가 막 자려는데 신혼 시절의 무드에 빠진 할머니가 말을 걸었다.

"예전엔 잠자리에 들면 당신이 내 손을 잡아주곤 했었죠."

할아버지는 내키지 않았지만 손을 뻗어 잠시 할머니의 손을 잡아주고는 다시 잠을 청했다.

몇 분 후에 할머니가 또 말했다.

"그런 다음 키스를 해주곤 했었죠."

할아버지는 좀 짜증스러웠지만 할머니의 뺨에 살짝 키스를 해주고 다시 눈을 감았다.

얼마 있다가 할머니가 계속 말을 이었다.

"그러고는 내 귀를 가볍게 깨물어주곤 했죠."

할아버지는 그만 이불을 내던지고 자리에서 벌떡 일어났다.

할머니가 깜짝 놀라며 물었다.

"당신 어디 가요?"

"이빨 가지러 간다! 으이구~."

제비와 꽃뱀

어느 날 제비와 꽃뱀이 경찰에 잡혀왔다.
조서를 꾸미던 형사가 제비에게 물었다.
"당신 직업이 뭐요?"
"고추 장사를 하고 있습니다."
어이가 없어서 말을 잃은 형사가 이번엔 꽃뱀에게 물었다.
"당신은 직업이 뭐요?"
꽃뱀이 한참을 망설이다가 대답했다.
"……작은 구멍가게를 하고 있어요."

어른들의 비밀

한 꼬마가 동네 친구에게 흥미로운 이야기를 들었다.
"어른들은 무엇이든 꼭 한 가지씩 비밀이 있거든. 그걸 이용하면 용돈을 벌 수 있어."
꼬마는 실험해 보기 위해 집에 가자마자 엄마에게 말했다.
"엄마, 나 엄마의 모든 비밀을 알고 있어."
그러자 엄마가 놀라서 만 원을 주며, "절대 아빠에게 말하면 안 된다."라고 했다.
이에 신난 꼬마는 아빠가 들어오자 슬쩍 말했다.
"아빠, 나 아빠의 모든 비밀을 알고 있어."
그러자 아빠는 꼬마를 방으로 데리고 가 2만 원을 주며, "너 엄마에게 말하면 안 된다."라고 했다.
꼬마는 다음 날 아침 우편배달부 아저씨가 오자 말했다.
"아저씨, 나 아저씨의 모든 비밀을 알고 있어요."
그러자 우편배달부가 눈물을 글썽거리며 말했다.
"그래, 이리 와서 아빠에게 안기렴."

패션 도우미 구인 광고

모 신문에 흥미로운 구인 광고가 게재되었다.
'패션 도우미 구함. 연봉 1억. 근무지 서울.'
광고를 본 한 남자가 전화를 걸었다.
남자: 광고를 봤는데, 구체적으로 무슨 일을 하는 거죠?
상담원: 여성 모델들이 패션쇼를 할 때 옷 갈아입는 것을 도와주는 일입니다.
남자: 아, 그럼 남자는 안 되겠네요?
상담원: 짧은 시간에 옷을 수십 번 갈아입기 때문에 체력이 좋은 남자를 더 선호해요. 그리고 우리 모델들은 옷 갈아입을 때 남자가 옆에 있어도 전혀 신경을 안 씁니다.
남자: 좋습니다. 그럼 지원하려면 어디로 가야 하나요?
상담원: 대전으로 가세요.
남자: 아니, 근무지는 서울로 되어 있던데요?
상담원: 근무지는 서울 맞습니다. 그런데 지원자가 너무 많아서 대전까지 줄을 서 있어요.

걸레와 능력의 차이

한 여자 제자가 스승에게 물었다.
"왜 여자가 남자를 여럿 사귀면 '걸레'라고 말하고, 남자가 여자를 여럿 사귀면 '능력 있는 남자'라고 합니까?"
그러자 스승이 답했다.
"자물쇠 하나가 여러 개의 열쇠로 열린다면 그 자물쇠는 쓸모없는 물건 취급을 당할 것이다. 하지만 열쇠 하나가 많은 자물쇠를 열 수 있다면 그 열쇠는 '마스터키'로 인정받을 것이다. 이것과 같은 이치이니라."

여자 택시 기사

어떤 남자가 홀딱 벗고서 잠을 자다가 긴급한 전화를 받고, 알몸인 것도 잊은 채 집을 뛰쳐나왔다. 급한 김에 택시를 잡아탔는데, 타고 보니 하필 중년의 여자 기사였다.
그런데 여자 기사가 운전을 하면서 백미러로 계속 홀딱 벗은 남자의 위아래를 훑어보았다. 그리고는 속내를 알 수 없는 야릇한 웃음을 짓는 것이었다. 참다못한 남자가 한마디 했다.
"너 남자 첨 봤냐? 앞이나 잘 보고 차나 똑바로 몰아!"
그러자 여자 기사가 같잖다는 듯 대꾸했다.
"염병하고 있네! 이놈아, 너 이따 내릴 때 택시 요금을 어디서 꺼낼까 궁금해서 쳐다봤다. 왜?"

여탕에서 벌어진 일

여탕에서 다툼이 일어났다.
아줌마: 아니, 이렇게 고추가 큰 애를 여탕에 데려오면 어떡해요?
엄마: (비누칠한 아들의 고추를 계속 만지면서) 아니, 이 고추가 뭐가 크다고 그래요?
그러자 아들이 하는 엄마 귀에 대고 하는 말.
"엄마, 자꾸 만지면 우리가 결정적으로 불리해져요."

술 마시는 이유

허구한 날 술만 퍼마시는 남편 때문에 집안 살림이 기울어져 간다고 생각한 아내가 어느 날 닦달하듯 입을 열었다.
"여보, 이제 제발 술 좀 작작 마셔! 이러다 우리 식구 전부 굶어죽겠어!"
그러나 남편이 코웃음을 쳤다.
"사돈 남 말 하고 있네, 당신 화장품이나 그만 사!"
아내는 뜨끔했지만 이내 받아쳤다.
"그거야 당신에게 잘 보이려고 사는 거지."
남편도 지지 않고 마지막 일격을 가했다.
"이 말 죽어도 안 하려고 했는데, 나도 당신을 예쁘게 보고 싶어서 술 마시고 취하는 거야. 됐어?"

어떤 공 가지고 노세요?

중·고생들의 주된 화제는 농구시합이고, 근로자들은 모이기만 하면 축구 이야기를 주로 한다.

중간 관리자들은 테니스 이야기를 나누고, 부장급들은 골프 이야기를 한다.

마지막으로 나이 든 사장들이 만나면 약해진 쌍방울이 화제로 오른다.

☺ 교훈 : 남자는 나이가 들수록 갖고 노는 공이 작아진다.

성 매매

성 매매를 원하십니까?
1. 남한산성: 120억 (절충 가능)
2, 수원성: 80억 (급매물)
3. 해미읍성: 55억 (절충 가능)
4, 홍주성: 87억 (조양문은 덤, 광천 추젓 한 드럼 사은품 증정)
5. 만리장성: 500억 (다른 성과 교환 가능)

그 외 수성, 금성, 화성, 목성, 토성, 천왕성, 명왕성 등 다수 성 보유. 매매 알선부터 권리 이전까지 한 번에 해결해 드립니다. 모든 매물 가격 절충 가능합니다. (☎ 010-0000-0000)

☞ 문화재 관리법 및 태양계 관리법 위반 혐의로 법의 처벌을 받을 수 있으니 충분히 생각하신 후 조심스레 연락 바랍니다.

관계 후 여자들의 지역별 반응

서울 여자: 자기야, 나 어땠어?
경상도 여자: 이제 지는 당신꺼라예!
전라도 여자: 앞장서! 느그 집 워디여?
충청도 여자: 몰라유, 책임져유!
강원도 여자: 엊저녁에 지를 쑤석거린 거래요?

바람난 개

한밤중에 개 한 마리가 온 동네를 휘젓고 다니며 소란을 피웠다. 이리저리 골목길을 달리고, 계단을 뛰어오르고, 대문이 열린 집은 마당까지 들어가기도 했다.
참다못한 동네 사람들이 개 주인을 찾아가 항의했다.
동네 사람들: 댁의 개가 미친 듯이 뛰어다니고 있어요!
개 주인: 네, 저도 알고 있습니다.
동네 사람들: 그렇다면 잡아놓든지 해야지, 시끄럽고 불안해서 어디 잠이나 제대로 자겠어요?
개 주인: 조금만 기다리시면 괜찮아질 겁니다.
동네 사람들: 네?
개 주인: 저 녀석이 수캐인데 하도 바람을 피워서 거세를 했거든요. 그랬더니 지금 여기저기 다니면서 약속을 취소하고 있는 중이에요.

아내와 휴대폰

출근할 시간이 다 되었는데 계속 휴대폰만 만지작거리는 남편에게 아내가 한마디 했다.
"내가 당신의 휴대폰이라면 얼마나 좋을까. 항상 당신의 사랑을 독차지할 텐데."
그러자 남편이 말했다.
"나도 당신이 내 휴대폰이었으면 좋겠어. 2년마다 새 것으로 바꿀 수 있으니 얼마나 환상적이야!"
남편은 아내에게 뒈지게 맞아서 그날 출근도 하지 못했다.

발은 왜 그리 크대유?

농사를 짓는 마흔넷 된 노총각과 바닷가에서 일하는 서른아홉 된 노처녀가 맞선을 보았다.
조용한 찻집에서 마주한 뒤 노총각이 물었다.
"근디 웬 손이 그렇게 크대유?"
"맨날 갯벌에서 꼬막이랑 바지락을 캐닝께 안 커질 재간이 있남유?"
노총각은 여자의 발을 내려다보며 또 물었다.
"근디 발은 왜 또 그리 크대유?"
"맨날 갯벌에서 꼬막이랑 바지락을 캐러 이리저리 댕기니께 안 커지고 배겨유?"

노총각은 갑자기 걱정스러운 표정이 되었다. 그리고 노처녀의 위아래를 힐끔거리다가 조심스레 물어보았다.
"근디 혹시 갯벌에 주저앉진 않았겠쥬?"

도인(道人)

도를 닦고 있는 도인과 그 제자 앞으로 쭉쭉빵빵한 굉장한 미인이 지나갔다.
도인: 오~ 저렇게 아름다울 수가! 저 갸름한 얼굴, 풍만하고 섹시한 몸매, 정말 멋지구먼.
제자: 아니, 스승님. 도를 닦는 분이 여자를 탐합니까?
도인: 예끼, 이놈아! 단식한다고 메뉴판도 못 보냐?

첫사랑의 선물

한 남자가 젊었을 때의 첫사랑 여인을 30년 만에 우연히 다시 만났다. 여인은 남편을 잃고 혼자 살고 있었는데, 어느 날 남자를 자기 집으로 초대했다.
꽃과 와인을 사들고 여자 집으로 간 남자는 설레는 마음으로 초인종을 눌렀다. 그러자 여인이 문을 열어주었다.
그런데 여인은 아무것도 입지 않은 나체 상태가 아닌가.
남자가 깜짝 놀라 물었다.

"아니, 이게 뭐 하는 짓이요?"
여인이 웃으면서 말했다.
"당신을 위해 내가 태어날 때 입었던 옷을 입어 봤어요."
그러자 남자가 인상을 찌푸리며 말했다.
"아, 그랬군. 근데 이왕이면 좀 다려 입지 그랬소?"

체육 교사의 실수

여고 체육 시간이었다.
교사가 스포츠 미용 비디오를 틀어준다는 게 실수로 포르노 비디오를 틀고 말았다. 학생들 사이에서 함성과 야유가 터져 나왔다. 그러나 비디오가 바뀐 줄 모르는 교사가 시끄럽다는 듯 이렇게 소리를 질렀다.
"조용히 하고 잘 봐! 이따가 거기에 나오는 동작 시켜서 못 따라 하면 혼날 줄 알아!"

신부와 콩 한 개

신혼여행 첫날 밤 호텔.
신부가 먼저 목욕하러 들어가면서 말했다.
"자기, 절대로 내 핸드백 열어보면 안 돼."
하지만 궁금증을 참을 수 없었던 신랑이 살며시 핸드백을 열어보았다. 핸드백 안에는 콩 한 개와 3만 원이 든 봉투가 있었다.
 신부가 목욕을 마치고 나오자마자 신랑이 물었다.
 "미안해, 내가 핸드백을 열어봤어. 근데 그 콩은 뭐야?"
 신부가 체념한 듯 말했다.
 "내가 하는 말을 듣고도 헤어지지 않을 수 있어?"
 "물론이지. 말해 봐."
 "저 콩은 남자랑 자고 나서 받은 거야."
 신랑은 애써 태연한 척 말했다.
 "괜찮아. 요즘 여자들은 다 그렇다고 생각해. 그리고 한 번뿐인데 뭘. 그럴 수도 있지. 근데 이 돈 3만 원은?"
 "그건 그동안의 콩을 판 거야……."

금슬 좋은 부부

 결혼한 지 20년이 된 부부가 있었다. 그들은 여전히 부부 금슬이 좋아 날마다 깨가 쏟아졌다.
 어느 날 평상시보다 일찍 퇴근한 남편이 다짜고짜 아내의 손을 잡아끌고 안방으로 들어가더니 이부자리를 폈다.
 아내는 화들짝 놀라면서도 행복한 듯 말했다.
 "아이, 벌써부터 이러면 어떡해? 부끄럽게……."
 아내를 끌고 들어가 자리에 누운 남편은 이불을 머리끝까지 뒤집어쓴 다음 점잖게 말했다.
 "어이, 마누라. 나 야광 시계 샀다!"

와이프와 와이파이

한 남자가 옆집 남자에게 문자 메시지를 받았다.
'미안합니다, 선생님. 제가 당신 와이프를 사용하고 있습니다. 밤에도 사용하고 당신이 집에 없을 때도 많이 사용합니다. 솔직히 당신보다 더 많이 사용하고 있습니다. 하지만 이제 죄책감이 들어 고백하니 저의 진심어린 사과를 받아주시기 바랍니다.'
메시지를 받고 눈이 뒤집힌 남자는 아내와 코피 터지게 싸우기 시작했다. 그때 다시 메시지가 왔다.
'선생님, 죄송합니다. 오타가 났습니다. 와이프(Wife)가 아니라 와이파이(Wi-Fi)입니다.'

며느리 대(對) 시어머니

가풍 있는 종가(宗家)의 며느리가 아들을 출산했다.
산후조리가 끝나갈 무렵 며느리는 시어머니가 손자에게 젖을 물리고 있는 광경을 목격했다. 너무 어이가 없어서 남편에게 이 사실을 말했지만 남편은 아내의 말을 믿지 않고 무시했다.
며느리는 혼자 고민을 하던 끝에 여성 상담소에 전화를 걸어 사연을 이야기했다.
며느리의 이야기를 들은 상담사가 딱 한마디 조언을 했다.
"맛으로 승부하세요."

좁은데 욕봤다

어느 새신랑이 회사에서 다음과 같은 재미있는 퀴즈를 들었다.
"'티코에서 사랑을 나누다.'를 여섯 글자로 줄여서 말하면 무엇인가?"
그 퀴즈의 답은 '작은 차 큰 기쁨'이었다.
새신랑은 퇴근하자마자 아내에게 문제를 냈다.
"여보, '티코에서 사랑을 나누다.'를 여섯 자로 줄이면 뭐게?"
잠시 뜸들이던 아내가 대답했다.
"좁은데 욕봤다."

기막힌 식당 메뉴

한 남자가 여행을 하던 중에 배가 고파져서 어느 동네의 식당에 들어갔다. 주인 할머니가 메뉴판을 갖다 주었는데, 거기에는 딱 세 가지가 적혀 있었다.
'남탕' '여탕' '혼탕'
남자가 할머니에게 물었다.
"할머니! 남탕은 뭐고, 여탕은 뭐예요?"
"그것도 몰라? 남탕은 알탕이고, 여탕은 조개탕이지."
"아하! 그럼 혼탕은요?"
"잉? 그거는 고추 넣은 조개탕."

그것도 몰라유?

잠을 자던 남편이 무심결에 다리 하나를 아내의 배 위로 올려놓자 아내가 짜증을 부리며 말했다.
"아이 무거워! 다리 좀 치워유."
남편이 다리를 내리며 고개를 갸웃했다.
"그거 참, 이상하네……."
"이상하긴 뭐가 이상해유?"
"이상하잖아? 75kg인 내 몸 전체가 올라갔을 때는 무겁다는 소리를 전혀 안 하면서 겨우 다리 하나 올려놓은 걸 가지고 무겁다고 하니 말이야."
그러자 아내가 말을 받았다.
"아니, 그것도 몰라유? 그땐 지렛대가 떠억 받치고 있으니까 안 무겁쥬!"

콘 돔

한 꼬마가 편의점에 갔다가 난생 처음 콘돔을 보았다.
아무리 궁리해도 꼬마의 머리로는 그 용도를 알 길이 없어 편의점에서 일하는 예쁜 아가씨에게 갔다.
"이거 어디에 쓰는 거예요?"
아가씨가 발그레한 얼굴로 꼬마의 귀에 대고 속삭였다.
"너 같은 꼬마가 태어나는 걸 막는 거야."

신혼부부의 식탁

신혼부부가 있었다. 첫날밤을 보낸 신랑은 출근을 했고, 신부는 저녁을 차려놓고 남편이 퇴근하길 기다렸다.
마침내 남편이 돌아오자, 신부가 반갑게 맞으며 말했다.
"자기야, 피곤하지? 어서 저녁 먹어."
그러자 남편은 식탁은 보지도 않은 채 신부에게 말했다.
"아냐, 난 자기만 있으면 돼."
그리고는 신부를 안고 침실로 향했다. 다음 날도 그랬고, 그다음 날도, 또 그다음 날도 그랬다.
그런 일이 며칠 계속된 어느 날, 신랑이 집에 돌아오니 신부가 뜨거운 욕조 속에 들어가 있었다.
"자기 지금 뭐 하고 있는 거야?"
신부가 대답했다.
"자기 저녁밥 데우고 있는 중이야."

망보고 있잖아요

아파트에 사는 한 부부가 있었다.
일요일 한낮인데 그 생각이 간절했다. 그러나 그들에게는 여덟 살배기 아들이 걸림돌이었다.
그래서 부부는 생각 끝에 아들을 불렀다.
"얘야, 베란다에 나가서 이웃 사람들이 뭐 하나 보고 계속 큰 소리로 알려줄래?"
 아들은 고개를 끄덕이고는 베란다로 가서 계속 보고를 했다.
 "엄마, 저기 앰뷸런스가 와요!"
 또 한참 있다 보고를 했다.
 "아빠, 저기 어떤 아줌마하고 아저씨가 싸워요."
 이렇게 시시콜콜 밖의 일을 보고하다가 갑자기 소리쳤다.
 "어라! 건너편 영미네 엄마 아빠가 부부생활을 하시네요!"
 한창 '일'에 열중하던 부부는 아이의 말에 깜짝 놀랐다. 그래서 벌떡 일어나 옷을 입고 베란다로 나가서 물었다.
 "아니, 네가 그걸 어떻게 알아?"
 그러자 아들이 이렇게 대답했다.
 "저기 봐요! 영미도 나처럼 베란다에서 망보고 있잖아요."

책 임

 한 소년이 대문 밖에서 울고 있었다.
 지나가던 아줌마가 왜 우느냐고 물었다.
 "우리 엄마가 방금 전에 아기를 낳았어요."
 "그런데 왜 우니? 동생이 생겼으니 기뻐해야지?"
 "우리 아빠는 일 년이 넘도록 외국에 나가 계신단 말이에요."
 "그래서?"
 "아빠가 집을 떠나면서 집안에 무슨 일이 생기면 모두 네 책임이라고 했다고요……."

교복 입은 마누라

두 남자가 술집에서 술을 마시며 대화를 하고 있었다.
남자 A: 우리 마누라가 딸아이 교복을 입고서 "당신을 위한 이벤트에요. 나는 당신의 학생. 오늘 밤 마음껏 괴롭혀 주세요, 선생님." 하는 거야.
남자 B: 그래서 어떻게 했어?
남자 A: 응, 자율학습 시키고 나왔어.
남자 B: ㅋㅋㅋ

치 료

어느 깡촌 마을 의원 집에 떠꺼머리총각이 머슴으로 새로 들어왔다. 약간 아둔한 면은 있었으나 남을 속이지 않았고, 무엇보다도 일을 할 때는 몸을 사리지 않고 열심히 일했다. 그래서 의원이 몹시 흡족해했다.
그러던 어느 날, 이 머슴이 의원에게 드릴 말씀이 있다며 머리를 긁적였다. 그 모양새가 왠지 심상치 않아 보였다.
"나으리! 요새 몸뚱이가 여기저기 굼실굼실하고 이상스러운 것 같아유."
이 말을 듣고 의원은 머슴의 몸을 이리저리 살펴보았다. 하지만 혈색이 나쁜 것도 아니었고 맥도 정상이었다.
"괜찮은 것 같은데 어디가 아픈 게냐?"

그러자 머슴이 겸연쩍은 표정을 지으며 대답했다.
"꼭 집어서 어디가 아픈 것은 아니고, 어쩐지 여기가 거북스러워서유."
머슴은 손가락으로 자신의 사타구니 쪽을 가리켰다. 눈치를 챈 의원이 빙그레 웃으며 말했다.
"아, 그 병이라면 그리 걱정할 것 없어. 내일 하루 시간을 줄 테니 얼른 읍내에 다녀오너라. 그 병을 고치려면 읍내 색시들을 만날 수밖에 없으니 말이다."
"나으리, 감사합니다."
머슴은 의원에게 몇 번이고 고개를 주억거렸다. '읍내 색시'가 될 뜻하는지는 잘 몰랐지만, 일단은 자신의 병 치료를 위해 마음 써주는 주인이 고마웠다.
머슴은 의원의 아내에게도 이 일에 대해 이야기했다. 그러자 의원의 아내가 의미심장한 표정을 지으며 머슴에게 말했다.
"그 일이라면 내일까지 기다릴 필요 없다. 이따가 날이 저물거든 나리가 안 계신 틈을 타서 내 방으로 건너오게."
이튿날이었다. 어제와는 달리 기운차 보이는 머슴을 보고 의원이 물었다.
"그래 어떠냐? 네 병이 밤새 더욱 심해지지는 않은 것 같구나. 어제보다는 좀 나은 편이냐?"
머슴이 대답했다.
"네, 나으리. 이제는 가뿐하구먼요. 그렇지 않아도 마님께 말씀드렸더니 어젯밤에 무려 다섯 번이나 고쳐주셨어유."

확인은 해봐야지

전날 밤에 친구들과 한잔하고 나서 아침에 자고 일어났더니, 남자 거시기에 화장지가 둘둘 말아져 있었다.
남편이 깜짝 놀라 아내에게 물었다.
"머꼬! 이기 와 이렸노?"
아내가 콧방귀를 뀌며 말했다.
"쓰지도 못하는 거 죽어서 염해 놨다. 와? 불만이가?"
남편이 뒤통수를 긁으며 불평했다.
"아니! 그래도 죽기 전에 인공호흡이라도 한번 해봐야 되는 거 아닌가?"

앵콜! 앵콜!

남쪽 지방에 남편을 교통사고로 여읜 한 과부가 살고 있었다.
3년 동안 수절해 온 그 과부는 어느 날 젊은 미국인을 만나 오랫동안 지켜온 지조를 저버리고 말았다.
오랜만에 남자와 잠자리를 가진 그녀는 체면 따위는 잊어버리고, 다시 한 번 진하게 살을 불태우고 싶은 욕망에 사로잡혔다.
영어라고는 A, B, C밖에 몰랐던 과부는 자신의 뜻을 전달하려고 한참을 고민하다, 갑자기 생각난 영어 한마디를 크게 외쳤다.
"앵콜! 앵콜!"

어허, 시원하다!

중국에서는 흔한 모습이라고?

자기야, 이리 와. 뽀뽀~

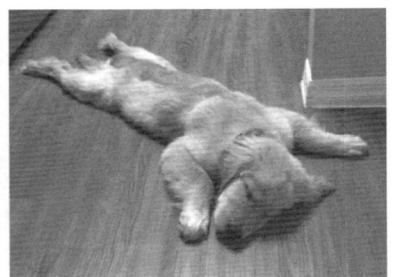

개편한 자세란 바로 이런 것.

기네스북에 오른 세상에서 가장 작은 차 필(PEEL) P50. 차체 무게는 59kg.

제가 고집하고 있는 식사 매너랍니다.

당해본 자만이 아는 고통······.

오해예요! 말 타기 놀이 중이라고요.

제주도 '러브랜드'의 카페에서 판매하는 고추빵과 가슴빵(일명 찌찌빵).

애견미용실 근무 이틀째.

쉿, 작업 중.

아내의 생일 케이크

남편이 아내의 생일 케이크를 사려고 제과점에 갔다.
제일 크고 화려한 케이크를 고른 다음 주인에게 부탁했다.
"케이크에 글을 좀 넣어주세요. '당신은 늙지도 않는구려. 더 건강해지는 것 같소.'라고요."
남편이 이어서 말했다.
"아, 잠깐만요! 한 줄로 쓰지 마시고, 위에는 '당신은 늙지도 않는구려.'라고 쓰고, 밑에는 '더 건강해지는 것 같소.'라고 써 주세요."
잠시 후 많은 친구와 친지들이 초대된 파티가 시작되었고, 케이크에 불을 붙일 시간이 왔다.
그런데 상자에서 케이크를 꺼내는 순간, 파티에 참석한 사람들과 아내는 그만 기절초풍하고 말았다. 케이크에는 이렇게 쓰여 있었다.
"당신은 늙지도 않는구려. 밑에는 더 건강해지는 것 같소."

요염한 여자의 대답

의사가 아리땁고 요염한 여자에게 진찰 결과를 설명했다.
"몇 주 동안 남편과의 잠자리를 피해야 합니다. 아셨죠?"
그러자 요염한 여자가 대답했다.
"그럼요 선생님, 그건 문제없어요. 다른 남자가 있거든요."

밤일과 낮일

밤일, 낮일을 다 잘하는 남자와 싸우는 아내는 이렇게 말한다.
"그래, 너 참 잘났다!"
낮일은 잘하는데 밤일은 못하는 남자와 싸우는 아내는 이렇게 말한다.
"돈이면 다냐?"
밤일은 잘하는데 낮일은 못하는 남자와 싸우는 아내는 이렇게 말한다.
"네가 사람이냐? 짐승이지!"
밤일이고 낮일이고 다 못하는 남자와 싸우는 아내는 이렇게 말한다.
"네가 나한테 해준 게 뭐가 있다고 지랄이냐!"

남자 팬티

동네 아줌마들이 에어로빅을 한 뒤 옷을 갈아입고 있었다.
그런데 철이 엄마가 남자 팬티를 입고 있는 것이 아닌가.
그 모습을 본 영희 엄마가 웃으면서 물었다.
"아니 철이 엄마! 언제부터 남자 팬티를 입기 시작했어요?"
철이 엄마가 쭈뼛거리며 대답했다.
"남편이 내 차에서 남자 팬티를 발견한 다음부터요. 들킬까봐 식겁했어요."

첫날밤에

한 커플이 신혼여행을 왔다.
신랑이 근육덩어리 몸매를 자랑스레 내보이며 말했다.
"자기, 이리로 와. 지금 난 몹시 뜨거워져 있어."
신랑의 멋진 몸매를 본 신부가 기대에 부풀어 말했다.
"나도 그래. 미칠 것 같아."
그러자 신랑이 더욱 흥분했다.
"난 지금 심지에 불만 붙이면 바로 폭발하는 다이너마이트야!"
"어머머~ 정말?"
신랑은 기세 좋게 옷을 훌훌 벗어던졌다.
그러나 신랑의 아래(?)를 본 신부가 실망하며 말했다.
"그런데 심지가 왜 이렇게 짧아?"

이것이 털이다

한 여학생이 서점에 들렀다.
필요한 책을 찾던 중 색다른 책 하나가 눈에 띄었다. 제목의 일부분이 가려져 있었는데, 보이는 글자가 '이것이 털이다!'였다.
여학생은 살짝 흥분되는 마음으로 가려진 제목 부분을 조심스레 조금 들췄다. 그러자 '이것이 지털이다!'가 보였다.
더욱 마음이 떨려 주위를 둘러보았는데 아무도 쳐다보지 않는다는 확신이 들었다. 그래서 가려진 마지막 부분을 들췄다.

그러나 '엉큼한 상상'을 하던 여학생은 허무해지고 말았다.
책제목은 '이것이 디지털이다!'였다.

잠이 많은 며느리

옛날에 잠이 많은 며느리가 있었다.
어느 날 시아버지가 며느리를 불러서 말했다.
"애야, 내일은 내가 한양에 좀 다녀와야 하니 늦잠 자지 말고 일찍 일어나 조반 좀 지어라."
"네, 알겠습니다. 아버님."
며느리는 걱정이 태산 같아 날밤을 새기로 했다.
이윽고 시간이 한참 흘러 새벽닭이 울었다.
며느리는 얼른 조반을 지으려고 쌀을 가지러 갔다.
쌀 항아리가 안방에 있는지라 안방 문을 조심스럽게 열려고 하는 찰나, 안방에서 이상한 소리가 들렸다. 다름 아니라 시아버지와 시어머니가 뜨거운 사랑을 나누는 중이었다.
며느리는 하는 수 없이 사랑이 끝나기만 기다리는데, 힘이 없는 노인들이다 보니 쉽사리 끝나지를 않았다. 기다리다 지친 며느리는 그만 안방 앞에서 잠이 들고 말았다.
날이 훤하게 밝아오자, 사랑을 끝내고 나온 시아버지가 잠들어 있는 며느리를 깨웠다.
"애야! 날이 밝았다. 그만 일어나 조반 차려오너라."
그러자 깜짝 놀라 일어난 며느리가 모기만한 소리로 말했다.

"아버님, 조반을 못 지었어요. 죄송합니다……."

며느리 속을 알 길 없는 시아버지가 며느리에게 온갖 호통을 다 쳤다.

사실대로 이유를 말하지도 못하고 고개만 숙이고 있던 그때, 마침 마당 한가운데서 암캐와 수캐가 사랑을 나누고 있는 것이 아닌가. 그 장면을 시아버지와 며느리가 동시에 보게 되었다.

그러자 며느리가 자기 무르팍을 손바닥으로 탁 치며 말했다.
"아따~ 너도 한양 가는구나!"

어느 막장 부부

어떤 부부가 있었는데, 남편이 해외로 장기 출장을 갔다가 돌아왔다.

오랜만에 공항에서 재회한 이들 부부는 마침 그날이 결혼 10주년 기념일이라 고급 레스토랑에서 외식을 했다. 그리고 자축 겸 기분 전환을 위해 내친 김에 5성급 호텔에서 하룻밤을 자기로 했다.

호텔에서 깊은 잠에 빠져 있는 한밤중에 어떤 취객이 그 부부의 방을 자신의 방으로 착각하고 요란스레 노크를 했다.

잠결에 소리를 듣고 벌떡 일어난 남편이 무심결에 말했다.
"제기랄! 당신 남편이 찾아왔나 봐."

그러자 옆에 있던 아내가 눈을 부스스 뜨면서 대답했다.
"그럴 리가 없는데? 그 인간은 해외출장 중이에요."

할머니 신났다

시골에 사는 할머니와 할아버지가 손주가 보고 싶어서 아들네 집에 올라왔다.

그날 밤, 배가 더부룩하다고 느낀 할아버지가 아들의 약장에서 소화제를 찾다가 비아그라를 발견했다. 아들에게 말했다.

"이거 한 알 써도 되겠냐?"

"네? 한 알까지는 필요 없을 거예요. 약효가 강한 데다 비싼 거예요."

"얼만데?"

"한 알에 2만 원이요."

"그래? 한 알 먹어보지 뭐. 낼 아침 출발하기 전에 베개 밑에 돈 놓아둘게."

다음 날 아침, 아들은 베개 밑에서 12만 원을 발견하고는 아버지에게 전화를 했다.

"아버지, 한 알에 2만 원이라고 했잖아요?"

"안다. 10만 원은 네 엄마가 주는 거야."

6만 번에 한 번

갑: 세쌍둥이를 낳았다고 들었는데, 세쌍둥이는 6만 번에 한 번 꼴로 나온다는군요.

을: 세상에! 6만 번이라면 도대체 집안일은 언제 했대유?

엄마 아빠 놀이

수진이네 집에 놀러갔던 다섯 살배기 민우가 돌아왔다.
엄마가 물어보았다.
"그래, 뭐 하고 놀았니?"
"엄마 아빠 놀이요."
"어떻게 하는 건데?"
"수진이가 엄마고 내가 아빤데, 내가 누워서 자고 있으면 수진이가 와서 막 흔들어 깨워요."
"그리고?"
"그러면 내가 '이러지 마. 피곤해. 내일 해줄게.'라고 말하면 돼요."

의부증

의부증이 심한 아내가 있었다.
아내는 남편이 퇴근하고 돌아와 샤워를 하면, 와이셔츠에서 팬티까지 샅샅이 옷을 점검했다. 그러다 긴 머리카락이라도 나오면 "어떤 년이야?"라며 난리법석을 피웠다.
그러던 어느 날 아무리 옷을 꼼꼼히 살펴봐도 아무것도 찾을 수가 없었다. 그때 마침 남편이 샤워를 마치고 나왔다.
그러자 아내가 소리쳤다.
"야! 이젠 하다하다 대머리 여자까지 사귀냐?"

빨랫감

철이네 집은 몹시 가난하여, 엄마와 아빠 그리고 철이가 단칸방에서 살았다.

엄마와 아빠는 철이가 학교에 들어갈 나이가 되어가니, 눈치가 보여 밤일을 거르기 일쑤였다. 그래서 궁리 끝에, 철이를 밖에 나가 놀게 한 다음 '낮일'을 하기로 했다. 그리고 암호를 정했는데, '빨랫감 있다.'였다.

어느 날 생각이 있어서 아빠가 철이를 불렀다.

아빠: 철이야, 엄마한테 가서 빨랫감 있다고 해라.

철이: 엄마, 아빠가 빨랫감 있대요.

엄마: (생각이 없는지) 세탁기 고장 났다고 해라.

그 말을 전해들은 아빠는 애꿎은 담배 연기만 연신 뿜을 수밖에 없었다.

그로부터 며칠 후였다.

아빠: 철이야, 엄마한테 가서 빨랫감 넘친다고 해라.

철이: 엄마, 아빠가 빨랫감 넘친대요.

엄마: (역시 생각이 없는지) 아직 세탁기 못 고쳤다고 해라.

그 말을 전해들은 아빠는 쓴 소주만 홀짝거렸다.

미안한 마음이 든 엄마는 다음 날 철이를 불렀다.

엄마: 아빠한테 가서 세탁기 다 고쳤다고 해라.

철이: 아빠, 엄마가 세탁기 다 고쳤다는데요.

아빠: 됐다! 손빨래 했다고 해라.

죽게 된 사연

'기가 막혀 죽은 사람'과 '얼어 죽은 사람'이 저승에서 만나, 서로 죽게 된 사연을 털어놓았다.

먼저 '기가 막혀 죽은 사람'이 말했다.

"마누라가 바람피우는 걸 알아내고 밖에서 망을 보는데, 어떤 놈이 우리 아파트로 들어가더라고요. 그래서 내가 바로 뒤쫓아 가서 들이닥쳤지만 그놈이 보이지 않는 겁니다! 침대 밑, 옷장 안, 베란다 모두 뒤져봤지만 놈이 보이지 않는 거예요. 그래서 하도 기가 막혀 이렇게 죽고 말았소."

그러자 '얼어 죽은 사람'이 한마디 했다.

"김치 냉장고 안도 뒤져봤습니까?"

세상에 믿을 놈 없다

전쟁터에 나가는 남자가 너무나 아름다운 아내 때문에 걱정이 태산이었다. 그래서 아내의 방문을 잠그고 남동생에게 말했다.

"아우야! 내가 전쟁터에 가 있는 동안 이 방 열쇠를 잘 맡아다오. 너만 믿고 다녀오겠다."

"형! 아무 걱정 말아요. 부디 몸조심하고 잘 다녀오세요."

말을 탄 남자가 전쟁터를 향해 5킬로미터 정도 갔을 무렵, 뒤에서 남동생이 급히 달려오면서 소리를 쳤다.

"형! 이 열쇠가 아닌데요?"

오토바이 타는 남자

항상 잠자리에서 별 볼일 없는 남자들만 경험했던 여자가 친구에게 조언을 구했다.
친구는 자신이 생각하는 남자를 추천했다.
"오토바이 타는 남자는 터프하거든. 그래서 잠자리에서도 얼마나 터프한지 몰라! 진짜 밤의 황제라니까."
여자는 친구의 말을 듣고 오토바이 타는 남자를 만났고, 결국 그 남자를 유혹해서 잠자리를 함께하게 되었다. 그런데 그 남자가 1분도 안 되어 끝내 버리는 것이 아닌가!
화가 난 여자가 물어보았다.
"이봐요! 당신 오토바이 타는 거 맞아?"
그러자 남자가 말했다.
"네. 저 퀵서비스 하는데요."

어린 딸의 기도

네 살배기 딸이 기도하는 것을 아버지가 들었다.
"하느님, 우리 할아버지께서 오늘 밤에 가십니다. 부디 보살펴 주옵소서. 아멘."
그런데 그날 밤에 그의 아버지가 돌아가셨다. 그는 자신의 딸이 영험하다고 생각했다.
며칠 후, 그의 딸이 기도하는 소리를 또 들었다.

"하느님, 내 친구 성주네 아버지께서 오늘 밤에 가십니다. 부디 보살펴주옵소서. 아멘."

그 이튿날 바로 성주네 아버지가 죽었다는 부고가 왔다. 그는 자신의 딸이 정말 영험하다는 것을 확신했다.

또 며칠 후 그의 딸이 기도하는 소리를 또 들었다.

"하느님, 우리 아버지께서 내일 아침에 가십니다……."

그는 깜짝 놀랐고, 이내 절망감에 빠졌다.

"아이구! 내일 아침이면 내가 죽는구나……."

그런데 다음 날 아침이 지나도록 그는 멀쩡했다.

그가 이상하다고 생각하고 있는데, 저녁에 돌아온 아내가 그에게 이야기했다.

"오늘 아침에 골프 연습장에 갔더니, 내 골프 코치가 갑자기 죽었다고 하더라고요."

바나나

한 아줌마가 사과를 한 봉지 가득 사면서 덤으로 바나나 두 개를 받았다.

전철을 타고 집에 오는데 사람이 미어터지는 바람에 결국 바나나 하나가 뭉개지고 말았다. 아줌마는 나머지 하나는 꼭 지킬 생각에 단단히 붙잡았다.

그렇게 몇 개의 역을 지났을 무렵, 뒤에 있던 청년이 말했다.

"아줌마! 저 두 정거장이나 지났어요. 내리게 좀 놔주세요!"

시 합

할아버지와 할머니가 싸움을 하면 언제나 할머니가 이겼다. 상황이 이렇다 보니, 할아버지는 죽기 전에 할머니에게 한번 이겨 보는 게 소원이었다.

그래서 생각 끝에 할아버지가 할머니한테 내기를 제안했다. 그것은 바로 '오줌 멀리 싸기'였다.

그런데 이번에도 또 할아버지가 지고 말았다. 오줌 멀리 싸기라면 당연히 남자인 할아버지가 이길 텐데…….

알고 보니 시합 전에 할머니가 내건 한 가지 조건 때문에 할아버지가 진 것이었다.

"영감! 절대로 손대기 없시유~!"

입이 무거운 여자

한 남자가 기분 좋게 한잔하고 밤늦게 귀가했다.
하품을 하며 문을 열어준 가정부가 속삭이듯 말했다.
"아저씨, 와이셔츠에 립스틱 자국이 있어요. 어서 벗어요."
"어, 그래? 고마워. 큰일 날 뻔했군. 아줌마한테는 비밀이야. 절대로 얘기해선 안 돼. 알았지?"
그러자 가정부가 배시시 웃으면서 말했다.
"염려 마세요. 제 입이 얼마나 무거운데요. 아줌마의 남자들 이야기를 아저씨한테 한 번도 한 적이 없잖아요?"

많이 부었어요

비뇨기과에 환자가 찾아왔다.
"어디가 안 좋아서 왔나요?"
"절대 웃으시면 안 됩니다."
환자가 이렇게 말하면서 바지를 벗어 내렸다.
그런데 고추가 새끼손가락만한지라 의사는 웃음을 참으려고 안간힘을 썼다.
그때 환자가 심각한 표정으로 이렇게 증상을 얘기했다.
"많이 부었어요."

심 판

여자 세 명이 죽어서 저승에 갔다.
첫 번째 여자가 염라대왕에게 말했다.
여자 1: 저는 평생 제 남편 한 사람만 사랑하며 살았습니다.
염라대왕: 그래, 이 열쇠를 받아라. 천국으로 가는 열쇠다.
첫 번째 여자는 기뻐하며 천국을 향해 달려갔다.
두 번째 여자가 나와 말했다.
여자 2: 저는 비록 결혼 전에는 여러 남자를 사랑했지만, 결혼한 다음부터는 제 남편만 사랑하며 살았습니다.
염라대왕: 그래, 그럼 너도 이 열쇠를 받고 천국으로 가거라.
그리하여 두 번째 여자도 천국으로 갔다.

세 번째 여자가 머뭇거리며 말했다.
여자 3: 저는 결혼 전에도, 후에도…… 여러 남자를 사랑했습니다.
염라대왕: 이런 발칙한 것! 너는 이 열쇠를 받아라!
세 번째 여자가 두려움에 떨며 물었다.
여자 3: 이건 어디로 가는 열쇠입니까?
염라대왕이 근엄하게 말했다.
"내 방 열쇠다."

젖소와 엄마

농사꾼이 어린 아들을 데리고 가축 시장에 갔다.
젖소를 사러 온 농사꾼은 팔기 위해 내놓은 소의 유방을 이리저리 만져봤다.
이를 이상하게 여긴 어린 아들이 물었다.
"아빠, 왜 그렇게 하는 거예요?"
"소를 살 때는 우유가 잘 나오는지 살펴봐야 하거든."
"아, 그렇구나……."
이튿날, 농사꾼이 밭에서 일을 하고 있는데 어린 아들이 숨을 헐떡이면서 달려왔다. 그리고는 큰 소리로 외치듯이 말했다.
"아빠, 큰일 났어요! 우편배달부 아저씨가 엄마를 사러 왔나 봐요!"

지구 최후의 날

지구 최후의 날이 되어, 온 세상 사람들이 모두 난리였다. 30분 정도 남은 시간에 어느 부부가 주고받은 이야기.

아내: 여보! 이제 30분밖에 안 남았는데, 우리 뭐 기억될 만한 일 좀 할 수 없을까요?

남편: 세상에 뭐 특별한 게 있겠소. 마지막으로 그거나 한 번 합시다.

아내: 좋아요. 그러면 나머지 29분은 또 뭘 하지요?

똑같은 질문

바다를 향해 있는 호텔의 불 꺼진 방 안에서 여인의 요염한 목소리가 들려왔다.

"물론이에요. 하느님께 맹세해도 좋아요. 저는 정말이지 당신이 처음이란 말이에요. 그런데 왜 남자들은 언제나 그런 똑같은 말만 묻지요?"

우리나라 성교육의 문제점

학교에서 가르치는 것 ☞ 어떻게 해서 아기가 생기나?
학생들이 궁금해 하는 것 ☞ 어떻게 하면 아기가 안 생기나?

하이힐 한 짝

한 남자가 회사에서 회식을 하는데, 같은 부서의 여직원이 과음을 하여 힘들어하자 자신의 차로 집까지 데려다주었다. 무슨 일이 있었던 것은 아니지만, 아내에게는 말하지 않았다.

다음 날 그 남자는 아내와 함께 영화를 보기 위해 극장으로 출발했다. 차를 운전하는 중에 아내가 앉은 조수석을 보니, 하이힐 한 짝이 눈에 들어왔다. 남자는 순간 당황했지만 침착하게 운전을 하다가, 아내가 창밖 너머를 바라보는 사이에 하이힐 한 짝을 창문 밖으로 던져 버렸다.

잠시 후 극장에 도착하자, 아내가 말했다.

"이상하네! 내 신발 한 짝이 어디 갔지?"

동서나 조심하쇼!

과부 시어머니와 과부 며느리가 어느 날 친척의 장례식에 갈 일이 생겨, 산을 넘고 강을 건너게 되었다. 그런데 넓은 강 위에는 돛단배 한 척도 없이 작은 뗏목만 있을 뿐이었다.

뗏목 위에 버티고 선 뱃사공이 말했다.

"여긴 너무 좁으니 한 사람씩 타쇼!"

일단은 며느리가 먼저 올라탔다. 강을 중간쯤 건넜을까? 뗏목이 더 이상 가질 않더니, 이게 웬일! 뱃사공이 며느리를 눕히더니 일을 치르는 게 아닌가.

이를 멀리서 보고 있던 시어머니는 안절부절못했지만 어쩔 도리가 없었다.

다시 뗏목을 몰고 온 뱃사공이 시침을 뚝 떼고서 말했다.

"타쇼!"

그런데 중간쯤 가더니만, 이 뱃사공이 시어머니마저 눕히고 그 일을 치렀다.

강을 건넌 두 사람은 한동안 어색한 침묵 속에서 걸음만 재촉했는데, 시어머니가 더 이상 참지를 못하고 먼저 입을 열었다.

"아가야, 아무래도 오늘 일은 절대 입 밖으로 내지 말자꾸나. 우리 가문에 먹칠해서야 되겠느냐?"

한 발짝 앞서가던 며느리가 시어머니를 휙 돌아보며 말했다.

"동서나 조심하쇼!"

준비되어 있는 남편

어느 부부가 미국 텍사스를 여행하다 숙박료 80달러짜리 호텔에서 하룻밤을 묵기로 했다.

아침이 되어 부인이 체크아웃 하려고 하자, 호텔 여직원이 120달러 청구서를 내미는 것이었다.

"아니, 어째서 120달러입니까? 80달러지!"

호텔 직원이 친절하게 설명했다.

"그건 방값과 식대가 합쳐진 금액입니다."

"아니, 식대라니요? 우린 여기서 식사를 안 했는데!"

"식사는 늘 준비되어 있고, 먹지 않은 것은 손님 책임입니다."
그 말을 들은 부인이 돈을 내며 말했다.
"알았어요. 그럼 20달러만 받으세요. 당신이 내 남편과 놀아난 값이 100달러니까, 그걸 제하면 20달러지."
호텔 직원이 깜짝 놀라며 말했다.
"제가 댁의 남편과 놀아나요? 저는 그런 사람이 아니에요."
그러자 부인이 정색하며 말했다.
"내 남편은 항상 준비가 되어 있는데, 함께 놀아나지 않은 것은 당신 책임이지요."

누가 더 무거울까?

사장실에서 사장과 부사장이 가벼운 대화를 나누고 있었다.
"우리 나이에는 체중이 적은 편이 좋지. 그게 더 건강한 거야."
"사장님, 맞습니다. 의사도 그렇게 말하더군요."
"자네랑 나……. 둘 중에 누가 더 무거울 것 같나?"
"사장님이 더 무거울 것 같은데요."
"아니야, 난 75kg밖에 안 나가. 내가 더 가볍지 않나?"
"하지만 사장님은 허리둘레가 있지 않습니까?"
"아니래도! 키가 큰 자네가 더 무겁다니까. 분명해!"
서로 몸무게가 적게 나간다고 옥신각신하고 있는데, 조용히 서류 정리를 하던 여비서가 신경질을 벌컥 부리며 소리쳤다.
"사장님이 더 무거워요!"

고추 소동

고추가 담긴 포대를 갖고 지하철을 탄 할아버지가 한 아가씨 앞에 서서 말했다.
"아가씨, 다리 좀 벌려요!"
"왜요?"
"왜긴? 고추 좀 넣게."
얼마 후에 지하철이 급정거를 하자, 고추 포대가 옆으로 넘어졌다. 할아버지가 말했다.
"아가씨, 미안하지만 고추 좀 세워 줘!"
몇 정거장을 간 후 지하철이 또다시 급정거를 하자, 고추 포대가 또 넘어졌다. 이번엔 고추 몇 개가 바닥으로 떨어졌다.
할아버지가 그것을 보고 말했다.
"아가씨, 고추가 빠졌네. 고추 좀 집어넣어 줘!"
그 말을 들은 아가씨는 얼굴이 홍당무가 되어 고개를 푹 숙이고 말았다. 그때 옆에 앉아 있던 할머니가 한마디 했다.
"아이구! 그 할아버지 고추, 참 실하고 탐스럽네. 나는 저런 고추를 어디서 구하나?"

인공지능 로봇

아빠가 거짓말을 탐지하는 인공지능 로봇을 샀다. 이 로봇은 거짓말을 하는 사람을 때리는 기능을 갖고 있었다.

아빠는 아들에게 이 로봇을 테스트해 보기로 했다.
"너 어제 어디 있었니?"
"도서관에 있었어요."
로봇이 아들을 때렸다.
"사실은 친구 집에 있었어요."
아빠가 물었다.
"친구 집에서 뭐했는데?"
"애니메이션 '토이스토리' 봤어요."
로봇이 아들을 때렸다.
"죄송해요. 사실은 포르노를 봤어요."
아빠가 화를 내며 말했다.
"뭐라고? 내가 네 나이에는 포르노를 알지도 못했어!"
그러자 로봇이 아빠를 때렸다.
엄마가 웃으면서 말했다.
"역시 당신 아들이에요!"
이번엔 로봇이 엄마를 때렸다.

고래 잡은 오빠

　태어날 때 해주는 것보다 초등학교 때 해주는 것이 낫다는 주위 사람들의 조언에 따라, 늦추고 늦추던 큰놈 고추 수술을 해주었다.
　수술을 마치고 집에 온 오빠의 행동거지가 불편해 보이자, 막내딸이 엄마에게 이유를 물어보았다.
 엄마는 설명하는 것이 복잡하게 여겨져, 다음처럼 간단하게 답했다.
 "응, 오빠 고추 잘랐어."
 그러자 막내딸이 오빠를 보고 이렇게 불렀다.
 "언니~!"

입장 바꿔 생각을 해봐

 가슴이 아주 작은 아내가 브래지어를 착용하자, 옆에서 이를 보던 남편이 한마디 했다.
 "가슴도 작은데, 굳이 브래지어를 할 필요 있어?"
 그러자 아내가 조용히 대꾸했다.
 "내가 언제 당신 팬티 입는 거 보고 뭐라고 하던가요?"

살다 보면 이럴 때가 있다

'소보로'라는 말이 생각나지 않아서 하는 말.
☺ "아저씨, 곰보빵 주세요."
전화 통화를 하다가 갑자기 주머니를 뒤적이면서…….
☺ "나 핸드폰 없어졌다. 이따 통화하자." 하며 전화를 끊는다.
커피 전문점에서 당당하게 커피를 시키는데…….
☺ "아프리카노 한 잔 주세요."
갑자기 '회갑 잔치'란 말이 생각나지 않아서 하는 말.
☺ "육갑 잔치 잘 치르셨어요?"
'산달(産달)'이란 말이 생각나지 않아서 하는 말.
☺ "만기일이 언제예요?"
손주에게 줄 '아기 돼지 삼형제' 책을 사러 온 할머니.
☺ "돼지고기 삼형제 있나요?"
아이스크림 사러 갔는데 '설레임'이 떠오르지 않을 때.
☺ "망설임 주세요."

이비인후과를 찾은 여성, '달팽이관'이 기억나지 않을 때.
☺ "저, 나팔관에 이상이 있어 어지러운가 봐요."
통장을 '재발급' 받기 위해 은행에 갔는데…….
☺ "이거 재개발해 주세요."
사돈댁에 보낼 '이바지 음식'을 주문하러 떡집에 갔을 때.
☺ "씨받이 음식 주문하려고요."
한 살 차이인 부모님을 소개하는데…….
☺ "우리 부모님은 연년생이에요."
지인의 아들이 '식물인간'이 되어 위로의 말을 전하는데…….
☺ "아드님이 야채인간이 되었다니 드릴 말씀이 없네요."
택시를 탔는데 '히터'가 생각나지 않아서 하는 말.
☺ "기사님, 보일러 좀 틀어주세요."

무식한 사람 시리즈

태종대는 부산, 청남대는 청주에 있는 대학이라고 하는 사람.
허장강을 강이라고 하는 사람.
안중근 의사가 산부인과 의사라고 우기는 사람.
탑골공원과 파고다공원이 다르다고 우기는 사람.
LA와 나성이 다르다고 우기는 사람.
으악새가 새라고 우기는 사람.
비자카드는 미국 대사관에서 발급받는다고 하는 사람.
쌍팔년도 이야기란, 1988년도 이야기라고 우기는 사람.

구제역은 태백역 근처에 있는 기차역 이름이라고 하는 사람.
북한산은 북한에 있는 산이라고 우기는 사람.
세발낙지는 발이 세 개인 낙지라고 하는 사람.
고급 식당에서는 쇠고기로 돈가스를 만든다고 하는 사람.
이태리타월은 이탈리아가 오리지널이라고 우기는 사람.
LA갈비는 LA에서 만들어 수입한 것이라고 하는 사람.
낙성대는 서울대 분교 이름이라고 하는 사람.
몽고반점은 중국음식점 이름이라고 하는 사람.
첨성대는 경주에 있는 대학 이름이라고 하는 사람.
갈매기살은 갈매기 고기라고 주장하는 사람.
해수욕장에서 선탠이 아니라 선팅을 했다는 사람.

충청도 말이 느리다고요?

(예 1) 표준말: 돌아가셨습니다.
       경상도: 죽었다 아임니꺼.
       전라도: 죽어 버렸어라.
       충청도: 갔슈.
(예 2) 표준말: 잠깐 실례하겠습니다.
       경상도: 내 좀 보이소.
       전라도: 아따 잠깐만 보더라고.
       충청도: 좀 봐유.
(예 3) 표준말: 괜찮습니다.

경상도: 아니라예.
    전라도: 되써라.
    충청도: 됐슈.
(예 4) 표준말: 정말 시원합니다.
    경상도: 억수로 시원합니더.
    전라도: 겁나게 시원해 버려라.
    충청도: 엄청 션해유.
(예 5) 표준말: 어서 오십시오.
    경상도: 퍼뜩 오이소.
    전라도: 허벌나게 와너리랑께.
    충청도: 어여 와유.
(예 6) 표준말: 깐 콩깍지입니까, 안 깐 콩깍지입니까?
    충청도: 깐 겨, 안 깐 겨?
(예 7) 표준말: 당신은 개고기를 먹습니까?
    충청도: 개 혀?

들어도 기분 나쁜 칭찬

선행을 베푸는 목사에게……
☺ "당신은 살아 있는 부처님이십니다."
연세가 99세인 할머니에게……
☺ "할머니 100살까지 사셔야 해요."
대머리 아저씨에게……

☺ "참석해 주셔서 자리가 빛났습니다."
직구밖에 던질 줄 모르는 투수에게……
☺ "참 정직한 분 같으세요."
화상을 입은 환자에게……
☺ "당신의 화끈함이 맘에 듭니다."
교도관이 석방되어 나가는 죄수에게……
☺ "당신이 그리워질 것 같아요. 다시 꼭 한 번 들러주세요."

궁금하다

▶ 친구들과 술 마시고 밤늦게 집에 와서 이불 속에 들어갔는데, 마누라가 "당신이에요?"라고 묻는다.
몰라서 묻는 걸까, 아님 딴 놈이 있는 걸까?

▶ '나 원 참!'이 맞는 걸까, '원 참 나!'가 맞는 걸까?
어휴! 대학까지 다녀놓고 이런 것도 제대로 모르다니……. "참 나 원!"

▶ 우리 마누라가 온갖 정성을 다해 눈 화장을 한다.
그런데 선글라스를 쓰는 이유는 무엇일까?

▶ 짐승만도 못한 놈과 짐승보다 더한 놈!
도대체 어느 놈이 더 나쁠까?

▶ 씨름 선수는 힘이 세어지라고 쇠고기만 먹는다고 한다.
그런데 나는 그렇게 물고기를 많이 먹었는데, 왜 수영을 못하는 걸까?

▶ 여자에게 키스했더니 입술을 도둑맞았다고 한다.
다시 입술을 돌려주고 싶은데, 순순히 받아줄까?
▶ 요즘 여기저기 속셈학원이 많이 생겼다.
대체 뭘 가르치겠다는 속셈일까?
▶ 물고기의 아이큐는 0.7이라고 한다.
그렇다면 그런 물고기를 놓치는 낚시꾼들의 아이큐는 얼마인 걸까?

나라 이름 유머

세계에서 굶는 사람이 가장 많은 나라 ☺ 헝가리
바느질을 제일 잘하는 나라 ☺ 가봉
국민들이 가장 거만한 나라 ☺ 오만
국민들이 가장 꾀가 많은 나라 ☺ 수단
세계에서 가장 큰 코쟁이들이 사는 나라 ☺ 멕시코
폭력배가 가장 많은 나라 ☺ 칠레
애주가가 가장 많은 나라 ☺ 호주
처녀들이 가장 많은 나라 ☺ 뉴질랜드
매일 다섯 끼를 먹는 섬 ☺ 오끼나와(오키나와)
팔이 네 개 달린 사람이 사는 나라 ☺ 네팔
차도는 없고 걸어가는 길만 있는 나라 ☺ 인도
남자들의 정력이 약한 도시 ☺ 호주의 시드니. (시드니까.)

나라별 유명한 이름 유머

중국에서 제일 멍청한 사람은? ☺ 띵해
일본에서 가장 마음 약한 자매는? ☺ 우야꼬와 우짜꼬
일본에서 제일 무시무시한 깡패는? ☺ 깐이마 또까
깐이마 또까라의 동생은? ☺ 안깐이마 골라까
일본에서 제일가는 구두쇠는? ☺ 겐자히 아끼네
일본에서 가장 인심 좋은 사람은? ☺ 내마누라 니가지라
내마누라 니가지라의 동생은? ☺ 내도시락 니까무라
일본에서 가장 악명 높은 돌팔이 의사는? ☺ 옥도정기 막발라
러시아에서 가장 키가 큰 사람은? ☺ 스카이 푹찔러스키
러시아에서 가장 유명한 욕쟁이는? ☺ 시발노므스키
러시아에서 제일가는 불효자는? ☺ 호로노무스키
인도에서 요가를 가장 잘하는 사람은? ☺ 꼰다리 또꽈
인도에서 가장 유명한 성범죄자는? ☺ 마구할타 두루할타
인도에서 가장 유명한 점쟁이는? ☺ 알간디 모르간디
아랍에서 가장 열성적인 교육자는? ☺ 하나라도 알라
프랑스에서 가장 유명한 요리사는? ☺ 막 드숑
프랑스에서 제일가는 불효자는? ☺ 에밀 졸라
프랑스에서 가장 유명한 산부인과는? ☺ 애잘빼용
프랑스에서 최고의 애주가는? ☺ 공드레 망드레
프랑스에서 제일 돈이 많은 사람은? ☺ 도느로 똥따까
독일의 유명한 스트립걸 자매는? ☺ 부라자 막버스, 슈미즈 막버스
독일에서 가장 유명한 펜싱 선수는? ☺ 칼 막휘둘러

독일에서 가장 유명한 첩보원은? ☺ 게슈타포 기밀캐리
미국에서 가장 정력이 좋은 사람은? ☺ 조지 베스트
우리나라에서 최고의 술꾼은? ☺ 노상술

거짓말 시리즈

자리 양보 받은 노인 ☺ "에구, 괜찮은데……."
정치인 ☺ "한 푼도 받지 않았어요."
나이 많은 노인 ☺ "빨리 죽어야지."
옷가게 주인 ☺ "너무 잘 어울려요!"
시장 상인 ☺ "밑지고(손해보고) 팔아요."
수석 합격자 ☺ "학교 수업만 충실히 했어요."
교장 선생님 ☺ "마지막으로 한마디만……."
여자들 ☺ "어머, 왜 이렇게 예뻐졌어요?"
술집 마담 ☺ "어쩜 그리 젊어 보이세요?"

우리나라 도시 이름 유머

와글와글 분주하게 시끄러운 도시는? ☺ 부산
생선 매운탕을 좋아하는 도시는? ☺ 대구
노래를 부르려는 사람이 먼저 찾아가는 도시는? ☺ 전주
식욕 없는 사람이 찾아가고 싶은 도시는? ☺ 구미

술꾼들이 좋아하는 도시는? ☺ 청주
보석을 밝히는 사람들이 좋아하는 도시는? ☺ 진주
싸움이 끊일 새 없는 도시는? ☺ 대전
뜀박질에 인생을 걸고 사는 도시는? ☺ 경주
무서운 도시로 널리 알려진 도시는? ☺ 이리
철 부자로 알려진 도시는? ☺ 포항
왕자들이 제일 먼저 찾는 도시는? ☺ 공주
바람이 귀엽게 부는 도시는? ☺ 분당

단어의 뜻에 관한 난센스 퀴즈

'엉성하다'의 뜻은? ☺ 엉덩이가 풍성하다.
'절세미녀'란? ☺ 절에 세 들어 사는 미친 여자.
'눈치코치'란? ☺ 눈 때리고 코 때리고.
'요조숙녀'란? ☺ 요강에 조용히 앉아 있는 숙녀.
'황당무계'란? ☺ 노란 당근이 무게가 더 나간다.
'천고마비'란? ☺ 하늘에 고약한 짓을 하면 온몸이 마비된다.
1. '미친 자식'이란? ☺ 미국과 친해지려는 사람.
'죽이다'의 반대말은? ☺ 밥이다.
'미소'의 반대말은? ☺ 당기소
'물고기'의 반대말은? ☺ 불고기
'특공대'란? ☺ 특별히 공부도 못하면서 대가리만 큰 아이.
'돌격대'란? ☺ 돌도 격파할 수 있는 대가리.

누가 이 천사를 혼낼 수 있을까?

항암 치료를 받는 아들을 위해
같이 삭발한 어머니.

홍수로 고립된 사람들을 구하기 위해
인간 다리가 된 군인들.

아빠와 딸,
그리고
20년의 세월…….
절대 변하지
않는 것들.

남자, 여자에 관한 난센스 퀴즈

못생긴 여자가 계란 마사지를 하면? ☺ 호박전 만들기.
남자가 싫어하는 여자는? ☺ 키스할 때 트림하는 여자.
　　　　　　　　　　　☺ 애무할 때 때 밀리는 여자.
　　　　　　　　　　　☺ 결정적인 순간에 방귀 뀌는 여자.
올림픽 양궁 대회에서 메달을 딴 여자는? ☺ 활기찬 여자.
변비로 심한 고통을 받는 여자는? ☺ 변심한 여자.
금세 울고 또 우는 여자는? ☺ 아까운 여자.
커피숍에서 창 없는 구석에 앉는 여자는? ☺ 창피한 여자.
여자가 지켜야 할 도리는? ☺ 아랫도리
남편과 사별한 여인을 다른 말로 하면? ☺ 도로미스
장바구니를 들고 카바레에 들어가는 여자는? ☺ 볼 장 다 본 여자.
　브라자가 꽉 죄면 무슨 일이 생길까? ☺ 가슴 아픈 일.
　남자가 여탕에 들어가면 무슨 죄일까? ☺ 불법 무기 소지죄. (권총 차고 들어갔으니까.)
　여자가 남탕에 들어가면 무슨 죄일까? ☺ 방화죄. (남자의 물건에 불을 지르니까.)
　할아버지가 여탕에 들어가면 무슨 죄일까? ☺ 불량 무기 소지죄.
할머니가 남탕에 들어가면 무슨 죄일까? ☺ 방화 미수죄.
택시 남녀 승객의 차이점 ☺ 남자: 여기 대 주세요.
　　　　　　　　　　　☺ 여자: 여기 세워 주세요.
여자는 없는데, 남자는 아래쪽에 하나 있는 것은? ☺ 받침

남자의 코가 크면 뭐가 클까? ☺ 콧구멍과 코딱지
여자는 이것을 하기 전과 후가 다르다. 무엇일까? ☺ 화장
남녀가 자고 나면 생기는 것은? ☺ 눈곱
남자들이 좋아하는 여자는? ☺ 속 좁은 여자.
여자들이 좋아하는 남자는? ☺ 서 있는 남자.
남자가 가장 좋아하는 술은? ☺ 입술
신혼부부들이 가장 싫어하는 노래는? ☺ 아니 벌써
신혼부부들이 제일 좋아하는 운동경기는? ☺ 레슬링
신혼부부가 제일 좋아하는 곤충은? ☺ 잠자리
고추 값이 오르면 가장 걱정하는 사람은? ☺ 노처녀
새신랑과 안경 쓴 사람의 공통점은? ☺ 벗으면 더듬는다.
남자가 가장 좋아하는 집은? ☺ 계집
처녀가 타서는 안 되는 차는? ☺ 아벨라
여자에게 2개, 젖소에게 4개가 있는 것은? ☺ 다리
남자가 여자보다 번개에 맞을 확률이 높은 이유는? ☺ 몸에 안테나가 있어서.
사람이라면 누구나 가지고 있다. 이것을 보면 남자인자 여자인지 알 수 있다. 이것은 무엇일까? ☺ 이름
임신하고 어린애를 업고 있는 여자는? ☺ 배부르고 등 따뜻하니까 행복한 여자.
깨끗이 쓸고 간 자리에 비 들고 서 있는 여자는? ☺ 쓸 데가 없는 여자.
10년 넘게 이 다방 저 다방 옮겨 다닌 다방 마담은 어떤 여자일까? ☺ 다방면으로 유명한 여자.

아이를 낳다가 죽은 여자는? ☺ 다이애나
남자가 뛸 때 가운데에서 하나가 흔들리는 것은? ☺ 넥타이
여자가 뛸 때 양쪽에서 두 개가 흔들리는 것은? ☺ 귀걸이
매월 말일만 되면 찢어지는 아픔에 시달리는 여자는? ☺ 캘린더 걸
바르기는 여자가 주로 바르고, 남자가 즐겨 먹는 것은?
☺ 립스틱
밤에 빨래하는 아내에게 남편이 하는 말은? ☺ 자지, 왜 빨아?
제비족에게 최초로 당한 여자는? ☺ 놀부 마누라.
성숙한 여인들이 한 달에 한 번씩 치르는 행사는? ☺ 반상회

줄임말 난센스 퀴즈

'고추잠자리'를 두 글자로 하면? ☺ 팬티
'흥부가 자녀를 20명 낳았다.'를 다섯 글자로 하면? ☺ 흥부 힘 좋다.
'옷을 홀딱 벗은 남자의 그림'을 네 글자로 하면? ☺ 전라남도
'아홉 명의 자식'을 세 글자로 하면? ☺ 아이구
'개가 사람을 가르친다.'를 네 글자로 하면? ☺ 개인지도
'형과 동생이 싸우는데, 가족들이 모두 동생 편만 든다.'를 여섯 글자로 하면? ☺ 형편없는 세상.
'쥐 네 마리'를 두 글자로 하면? ☺ 쥐포
'그때 그 사람'을 두 글자로 하면? ☺ 아, 개.

'만 마리의 소들이 절을 한다.'를 세 글자로 하면? ☺ 만우절
'소가 크게 웃는다.'를 세 글자로 하면? ☺ 우하하.
'소가 단체로 노래 부르는 것'을 네 글자로 하면? ☺ 단체 소송.
'부처님이 참 잘생겼다.'를 네 글자로 하면? ☺ 부처 핸썸.
'나는 다섯 살이 아니다.'를 다섯 글자로 하면? ☺ 오세아니아.
'술과 차는 팔지 않습니다.'를 다섯 글자로 하면? ☺ 주차(酒茶) 금지.
'낯선 여자에게서 그 남자의 향기를 느꼈다.'를 다섯 글자로 하면? ☺ 혹시 이년이?
'눈과 구름을 자르는 칼'을 세 글자로 하면? ☺ 설운도

난센스 퀴즈 백과사전

파리가 커피 속에 빠져 죽으면서 남긴 말은? ☺ 쓴맛 단맛 다 보고 간다.
똥개와 진돗개가 축구시합을 했다. 어떤 경기가 될까? ☺ 개판이 된다.
입 맞추고 돈 버는 사람은? ☺ 방송국 성우.
노인들에게 자신 없는 구멍은? ☺ 바늘구멍
안경이 들어 있는 집은 안경집이라고 한다. 그러면 모래가 들어 있는 집은? ☺ 닭똥집
'너 자신을 알라.'를 러시아말로 하면? ☺ 니꼬라지 알라카이.
소방관과 경찰이 싸우면 누가 이길까? ☺ 소방관 (물불을 안

가리니까.)

드라큘라 집안의 가훈은? ☺ 피는 물보다 진하다.
'우리에게 내일은 없다.' 는 누가 하는 말일까? ☺ 하루살이
공중에서 참새와 독수리가 정면충돌했는데, 참새는 살고 독수리는 죽었다. 이런 현상을 무슨 현상이라고 할까?
☺ 보기 드문 현상.
가장 황당할 때는? ☺ 방귀 뀌는데 큰 게 나올 때.
가장 당황할 때는? ☺ 트럭 뒤에서 오줌 누는데 갑자기 트럭이 떠날 때.
오기 많은 사람은? ☺ 트럭 뒤에서 오줌 누는 중에 트럭이 떠나자, 따라가면서 누는 사람.
사과는 언제 따는 게 좋을까? ☺ 주인이 없을 때.
영어로 하얀 집은 화이트 하우스, 푸른 집은 블루 하우스라고 한다. 그러면 투명한 집은? ☺ 비닐하우스
벌건 대낮에 홀랑 벗고 손님 기다리는 것은? ☺ 통닭
강간범을 부드럽게 표현하면? ☺ 물총 강도.
제비가 강남으로 날아간 이유는? ☺ 걸어가면 다리 아프니까.
바닷물은 왜 파랄까? ☺ 바위에 부딪쳐 멍이 들어서.
바닷물이 짠 이유는? ☺ 물고기가 땀나게 뛰어놀아서.
세상에서 가장 뜨거운 바다는? ☺ 열바다(열 받아.)
세상에서 가장 추운 바다는? ☺ 썰렁해
부끄러움을 많이 타는 바다는? ☺ 창피해
손가락을 영어로 핑거(finger)라고 한다. 그러면 주먹은 영어로 무엇일까? ☺ 안핑거, 또는 오므린거

무릎과 무릎 사이에 있는 것은 무엇일까? ☺ 과

포경수술의 순우리말은? ☺ 아주까리

처녀보다 유부녀를 더 좋아하는 사람은 어떤 사람? ☺ 산부인과 의사.

가장 정력이 센 짐승은? ☺ 까마귀(금방 까먹고 또 하니까.)

세상에서 가장 야한 닭은? ☺ 홀닭(홀딱)

마음에 드는 이상형을 만났을 때 가슴의 무게는? ☺ 네 근(두근 + 두근).

인체 중에서 상황에 따라 보통 때의 여섯 배까지 팽창할 수 있는 것은? ☺ 동공

오랜 봉사활동을 거쳐 빛을 본 사람은 누구인가? ☺ 심 봉사.

왜 콧구멍은 두 개일까? ☺ 하나면 후비다가 숨 막혀 죽을 수도 있으니까.

'기러기'는 거꾸로 해도 '기러기'다. 그럼 '쓰레기통'을 거꾸로 하면? ☺ 쏟아진다.

억세게 재수 없으면서도 그런대로 운이 좋은 사나이는? ☺ 앰뷸런스에 치인 사나이.

'신혼'이란 무엇일까? ☺ 한 사람은 '신' 나고, 한 사람은 '혼' 나는 것.

'한 명의 야당 정치인과 두 명의 여당 정치인'을 한자성어로 표현하면? ☺ 일석이조. (한 명의 돌대가리와 두 명의 새대가리.)

세상에서 제일 시원하고 화끈한 이야기는? ☺ 얼음공장에 불 난 이야기.

비아그라는 되도록 빠르게 삼켜야 한다. 왜 그럴까? ☺ 그렇지

않으면 목이 뻣뻣해지니까.

한 남자가 25도짜리 소주 네 병, 6도짜리 맥주 열 병, 45도짜리 고량주 세 병을 모두 마셨다. 이 남자가 마신 술은 모두 몇 도일까? ☺ 졸도

세상에서 가장 잘 깨지는 창문은? ☺ 와장창

식인종이 회사원을 보면 뭐라고 부를까? ☺ 일반미

세상에서 가장 보기 싫은 개는 무엇일까? ☺ 꼴불견

특히 겨울에 많이 쓰는 끈은? ☺ 뜨끈뜨끈

목욕탕에 가면 두고 나오는 것은? ☺ 때

사람들이 가장 좋아하는 국은? ☺ 천국

신하가 왕과 헤어질 때 하는 인사말은? ☺ 바이~킹.

세상에서 싸움을 제일 잘하는 축구선수는? ☺ 펠레

먹기 전에는 한 개인데, 먹을 때는 두 개가 되는 것은? ☺ 나무젓가락.

던지고 때려도 칭찬받는 사람은? ☺ 야구선수

초등학생이 가장 좋아하는 동네는? ☺ 방학동

하늘에 별이 없다면 무슨 일이 생길까? ☺ 별 볼일 없다.

계란 장수가 계란을 팔아서 버는 돈은? ☺ 에그머니

도둑이 훔쳐간 돈은? ☺ 슬그머니

며느리들이 싫어하는 돈은? ☺ 시어머니

생각만 해도 마음이 찡한 돈은? ☺ 어머니(Mother)

소가 한 마리면? ☺ 소원

소가 두 마리면? ☺ 투우

소가 네 마리면? ☺ 소포

소가 여러 마리면? ☺ 소스

소가 죽으면? ☺ 다이소

재수가 없어야만 좋은 사람은 어떤 사람일까? ☺ 대학 입시를 앞둔 고3 학생.

뱃사람들이 제일 싫어하는 우리나라 가수는? ☺ 배철수

우리나라에서 가장 잠이 많은 가수는? ☺ 이미자

사과 세 개 중에서 두 개를 먹었는데 두 개가 남았다. 왜일까? ☺ 먹는 것이 남는 거니까.

세상에서 제일 겁 없는 사람은? ☺ 맹인 (눈에 뵈는 게 없으니까.)

외식을 제일 많이 하는 사람은? ☺ 걸인 (늘 밖에서 먹는다.)

흥부가 형수님한테 귀싸대기를 맞은 이유는? ☺ "형수님, 저 흥분데요."라고 말해서.

양이 치질에 걸리면 무엇이라고 할까? ☺ 양치질

붉은 길에 동전 하나가 떨어져 있다. 그 동전의 이름은? ☺ 홍길동전

사람의 몸무게가 가장 많이 나갈 때는? ☺ 철들 때.

보내기 싫으면? ☺ 가위나 바위를 낸다.

식인종이 밥투정할 때 하는 말은? ☺ 에이, 살맛 안 나.

스타들이 싸우는 것을 무엇이라고 할까? ☺ 스타워즈

토끼들이 제일 잘하는 것은? ☺ 토끼기. (도망치기)

진짜 문제투성이인 것은? ☺ 시험지

사람이 일생 동안 가장 많이 내는 소리는? ☺ 숨소리

눈이 녹으면 무엇이 될까? ☺ 눈물

공 가운데 사람들이 가장 좋아하는 공은? ☺ 성공

누구나 즐겁게 웃으면서 읽는 글은? ☺ 싱글벙글
떡 중에 가장 빨리 먹는 떡은? ☺ 헐레벌떡
목수도 못 고치는 집은? ☺ 고집
바닷가에서는 해도 되는 욕은? ☺ 해수욕
장사꾼들이 싫어하는 경기는? ☺ 불경기
전쟁 중에 장군이 가장 받고 싶어 하는 복은? ☺ 항복
책은 책인데 읽을 수 없는 책은? ☺ 주책
탈 중에 쓰지 못하는 탈은? ☺ 배탈
파리 중에 날지 못하는 파리는? ☺ 프랑스의 파리, 해파리
해에게 오빠가 있다. 누구인가? ☺ 해오라비('해오라기'의 방언.)
신사(젠틀맨)가 자기소개를 한다. 어떻게 할까? ☺ 신사임당.
체중 줄이는 비법 여섯 가지는? ☺ 땀 닦기, 귀지 파기, 코딱지 후비기, 머리털 뽑기, 비듬 털기, 때 밀기.
대머리를 순수한 우리말로 하면? ☺ 숲속의 빈터.
바늘만 가지고 다니는 사람을 부르는 말? ☺ 실없는 사람.
라이터만 가지고 다니는 사람을 부르는 말? ☺ 불만 있는 사람.
담배만 가지고 다니는 사람을 부르는 말? ☺ 불필요한 사람.
가장 짧은 시간에 돈을 버는 사람은? ☺ 사진사
깨뜨리고도 칭찬받는 사람은? ☺ 신기록을 세운 사람.
추장보다 더 높은 것은? ☺ 고추장
고추장보다 더 높은 것은? ☺ 초고추장
초고추장보다 더 높은 것은? ☺ 태양초 고추장
안 마셔도 취하는 술은? ☺ 최면술
가장 억울한 도형은? ☺ 원통

제일 비싼 새는? ☺ 백조

차를 발로 차면? ☺ 카놀라유

세상에서 제일 지루한 중학교는? ☺ 로딩(loading) 중

세상에서 제일 야한 채소는? ☺ 버섯

하느님이 버스에서 내리면? ☺ 신내림

스님도 따라 내리면? ☺ 중도하차

반성문을 영어로 하면? ☺ 글로벌

새우가 출연한 드라마는? ☺ 대하드라마

세상에서 가장 긴 기름은? ☺ 참기름

세종대왕이 가장 좋아하는 초콜릿은? ☺ 가나 초콜릿

슈퍼맨의 가슴에 있는 'S'는 무엇의 약자인가? ☺ 스판

'자동차 방향을 빨리 돌려!'를 3개 국어를 사용해서 한 문장으로 말해 보라. ☺ 핸들 이빠이 꺾어!

자전거를 사이클이라고 한다. 그럼 '자전거를 못 탄다.'는 말은? ☺ 모타(모터) 사이클.

세상에서 제일 더럽고 추접스러운 개는? ☺ 꼴불견

소금이 죽으면? ☺ 죽염

애들이 학교에 가는 이유는? ☺ 학교가 올 수 없으니까.

홀아비 3총사 ☺ 함진아비, 장물아비, 허수아비

'병든 자여, 모두 내게 오라.' 이 말은 누가 한 말인가? ☺ 엿장수

의사와 엿장수가 좋아하는 사람은? ☺ 병든 사람.

가위질로 이름난 3대 가문? ☺ 엿장수, 이발사, 재단사.

짝사랑의 3대 요소는? ☺ 자유 선택, 시간 초월, 공간 초월.

이것은 봉사하는 마음으로 임하는 게 마음이 편하다. 주로 침대에서 많이 하지만, 가끔은 차에서도 한다. 역전 주위에서 여자들이 하고 가라고 잡기도 한다. 무엇일까? ☺ 헌혈

겉옷을 벗기면 속옷이 나오고, 속옷을 벗겨서 빨면 흐물흐물해지는 것은? ☺ 껌

폭풍우보다 더 무서운 비는? ☺ 낭비

세탁소 주인이 가장 좋아하는 차는? ☺ 구기자차

코끼리가 홀딱 벗은 남자에게 뭐라고 말했을까? ☺ 넌 그것으로 어떻게 먹니?

술집에서 돈 안 내려고 추는 춤은? ☺ 주춤주춤

어느 여고에서 체육 시간에 피구를 하던 여학생 한 명이 죽었다. 왜 죽었을까? ☺ 금 밟아서.

돈을 받은 만큼 몸을 허락하는 것은? ☺ 공중전화

여름을 가장 시원하게 보내는 사람은? ☺ 바람난 사람.

현대판 빈부 차는? ☺ 맨손이냐, 맨션이냐.

전축을 틀면 흘러나오는 소리는? ☺ 판소리

정말 눈코 뜰 새 없이 바쁠 때는? ☺ 머리 감을 때.

노처녀와 노총각이 결혼 못하는 이유는? ☺ 동성동본이라서.

만두장수가 제일 듣기 싫어하는 소리는? ☺ 속 터진다.

우리나라에서 가장 오래된 공중변소는? ☺ 전봇대

씨암탉의 천적은? ☺ 사위

짱구와 오징어의 차이는? ☺ 오징어는 말릴 수 있지만, 짱구는 못 말린다.

도둑이 도망가다 세 갈래 길을 만났다. 어느 길로 도망갔을

까? ☺ 왼쪽(도둑은 바른 길로 가지 않으므로.)
　엄마가 고추장, 간장, 된장을 잘못 만들게 되면 무슨 장이 될까? ☺ 젠장.

산토끼의 반대말

IQ 60이 생각하는 산토끼의 반대말은? ☺ 끼토산
IQ 80이 생각하는 산토끼의 반대말은? ☺ 집토끼
IQ 100이 생각하는 산토끼의 반대말은? ☺ 죽은 토끼.
IQ 120이 생각하는 산토끼의 반대말은? ☺ 바다 토끼.
IQ 140이 생각하는 산토끼의 반대말은? ☺ 판 토끼.
IQ 200이 생각하는 산토끼의 반대말은? ☺ 알칼리 토끼.

말[馬] 유머

▶ 금슬 좋기로 유명한 말 부부가 살고 있었다.
어느 날 암말이 죽자, 장례를 치른 다음 수말이 하는 말.
☺ "할 말이 없네."
▶ 말 부부가 금슬 좋게 살다가 수말이 죽었다.
장례를 치르고 온 암말이 슬피 울면서 하는 말.
☺ "해줄 말이 없네."
▶ 혼자 사는 바람기 많은 암말이 있었다.

수많은 말들과 바람을 피우고 다니던 어느 날, 변강쇠 말을 만나고 나서 하는 말.

☺ "많은 말이 필요 없네."

▶ 큰 사이즈만 좋아하는 암말이 있었다.
그런데 어느 날 작고 볼품없는 수말을 만나 하룻밤을 보냈다. 이튿날 암말이 작고 볼품없는 수말에게 하는 말.

☺ "긴 말이 필요 없네."

▶ 배를 타고 항해하던 말 일행이 풍랑을 만나 모두 바다에 빠져 죽고, 수말 한 마리만 겨우 살아나 무인도에 도착했다.
그러던 어느 날 풍랑에 밀려 암말들이 떠밀려 왔는데, 백마·흑마·적토마·얼룩말 등 제각각이었다.
수말이 기쁨에 들떠서 하는 말.

☺ "무슨 말부터 해야 할지!"

▶ 방탕한 생활을 하던 수말이 무서운 성병에 걸려 죽게 되자, 친구들이 병문안 와서 하는 말.

☺ "너 아무 말이나 하는 게 아니다."

그러자 수말이 죽어가면서 하는 말.

☺ "그래도 할 말은 해야지."

▶ 문란하기로 소문난 암말이 다른 수말들과는 다 관계를 가지면서 유독 한 수말에게만은 눈길도 주지 않았다. 그러자 그 수말이 왜 차별을 하느냐고 따졌다.
이때 암말이 하는 말.

☺ "말이면 다 같은 말인 줄 알아?"

▶ 암말이 바람을 피우자, 수말이 그 불륜 현장을 덮쳤다.

수말이 정부(情夫)의 멱살을 쥐어 잡고 하는 말.
☺ "야, 인마! 내가 할 말을 왜 네가 해?"
분위기가 심상치 않자, 수말의 친구들이 이를 뜯어말렸다. 친구들이 수말에게 충고하면서 하는 말.
☺ "자네는 왜 한 말 또 하고, 한 말 또 하고 그러는가?"
이번에는 수말이 주위에서 말리는 친구들에게 역공을 펴면서 하는 말.
☺ "이놈들아, 이 말 했다 저 말 했다 그러는 것 아냐!"
그러고 나서 자기 아내와 밀회를 즐겼던 또 다른 친구에게 수말이 하는 말.
☺ "이봐, 남의 말 함부로 하는 거 아니야!"

▶ 금슬 좋기로 소문난 중년의 말 부부가 살고 있었는데, 어느 날 이웃집에 처녀 말이 이사를 왔다.
수말이 처녀 말을 보고 기회를 엿보다가, 드디어 부인 말 몰래 처녀 말을 꼬드겨 바람을 피우고 나서 하는 말.
☺ "지금까지 한 말은 말도 아니네!"

▶ 하루는 수말이 부인 말과 함께 초원에서 풀을 뜯고 있는데, 그 옆으로 예쁜 조랑말이 지나갔다. 수말이 조랑말을 힐끔거리자 부인 말이 하는 말.
☺ "말 같지도 않은 말은 할 생각도 마이소!"

▶ 앞집 과부 말과 뒷집 홀아비 말이 서로의 처지를 동정하면서 친하게 지냈다. 이것을 보고 주변의 말들이 하는 말.
☺ "저러다 말 나오지!"

남자들이란……

10대: 자기도 남자라고 해본 척?
20대: 큰 척?
30대: 센 척?
40대: 잘하는 척?
50대: 아픈 척?
60대: 자는 척?
70대: 죽은 척?

남편이란 존재

집에 두고 오면   ☺ 근심덩어리
같이 나오면   ☺ 짐덩어리
혼자 내보내면   ☺ 걱정덩어리
마주 앉아 있으면   ☺ 원수덩어리

남자를 불에 비유하면?

10대 ☺ 부싯돌 (불꽃만 일어난다.)
20대 ☺ 성냥불 (확 붙었다가 금세 꺼진다.)
30대 ☺ 장작불 (강한 화력으로 새벽까지 활활 타오른다.)

40대 ☺ 연탄불 (겉으로 보면 그저 그래도 은은한 화력을 자랑한다.)
50대 ☺ 화롯불 (꺼졌나 하고 자세히 뒤져보면 아직 살아 있다.)
60대 ☺ 담뱃불 (힘껏 빨아야 불이 붙는다.)
70대 ☺ 반딧불 (불도 아닌 것이 불인 척한다.)
80대 ☺ 도깨비불 (불이라고 우기지만 본 사람이 없다.)

아내가 두려울 때

20대 ☺ 외박하고 들어갔을 때.
30대 ☺ 카드 청구서 날아왔을 때.
40대 ☺ 아내의 샤워 소리가 들릴 때. (고개 숙인 남자라서.)
50대 ☺ 아내가 곰국을 끓일 때. (곰국 먹는다고 달라지나?)
60대 ☺ 해외여행 가자고 할 때. (떼어놓고 올까봐.)
70대 ☺ 이사 간다고 할 때. (주소 알려주지 않고 두고 갈까봐.)

이래야 멋진 남편

아내의 명령에는 무조건 복종하는 충성심 강한 '돌쇠'.
일하고 돈을 벌 때는 개미처럼 부지런한 '마당쇠'.
아내의 단점이나 잘못은 절대 말하지 않는 철통같은 '자물쇠'.
아내의 닫힌 마음을 언제나 활짝 열어주는 '만능열쇠'.
모진 풍파에도 끄떡없이 가정을 지키는 '무쇠'.

아내가 아무리 화를 내고 짜증을 부려도 둥글둥글 '굴렁쇠'.
아내와 대화할 때는 부드럽고 감미로운 수액의 '고로쇠'.
친구들과 어울릴 때는 돈 한 푼 안 쓰는 짠돌이 '구두쇠'.
아내와의 밤일에는 언제까지나 '변강쇠'.
아내가 울적할 땐 달콤한 노래로 달래주는 '이문쇠(?)'.

남편의 종류

학처가 ☺ 아내를 학대하는 남편.
임처가 ☺ 아내 위에 군림(君臨)하는 남편.
애처가 ☺ 걸레질 하면서 콧노래 부르는 남편.
공처가 ☺ 걸레질 하면서 한숨 쉬는 남편.
경처가 ☺ 아내 목소리만 들어도 경기를 일으키는 남편.

하기 어려운 일들

밥 안 먹고 하루 버티기.
사흘 연속 고기 먹기.
여자가 옷가게 쇼윈도 앞 그냥 지나가기.
마누라 말 잘 듣기.
대한민국의 정치인들 존경하기.
소주 없이 회 먹기.

노래방 가서 노래 안 하기.
담뱃재 한 번도 안 털고 담배 피우기.
여자 셋이서 한 시간 동안 아무 말 않고 있기.
리모컨 없이 텔레비전 채널 바꾸기.
라면 먹으면서 김치 안 먹기.
짜장면 먹으면서 단무지 안 먹기.
껌 그냥 삼켜 넘기기.
주식으로 돈 벌기.
교회 가서 헌금 안 내고 버티기.
홈 쇼핑 채널 보고 현혹 안 되기.

성공한 인생이란?

10대 ☺ 돈 많은 아버지를 두었으면 성공한 인생.
20대 ☺ 명문대학에 다니는 학생이면 성공한 인생.
30대 ☺ 연봉 많은 대기업 회사원이면 성공한 인생.
40대 ☺ 술자리에서 2차를 쏠 수 있으면 성공한 인생.
50대 ☺ 공부를 잘하는 자녀가 있으면 성공한 인생.
60대 ☺ 아직도 직장에서 돈을 벌면 성공한 인생.
70대 ☺ 병 없이 몸이 건강하면 성공한 인생.
80대 ☺ 아직도 본처가 밥을 차려주면 성공한 인생.
90대 ☺ 전화를 걸어오는 사람이 있으면 성공한 인생.
100세 ☺ 자고 나서 아침에 눈을 뜨면 성공한 인생.

끼니 수에 따른 남편의 호칭

영식 님 ☺ 집에서 하루 한 끼도 안 먹는 남편.
일식 씨 ☺ 집에서 하루 한 끼만 먹는 남편.
이식이 놈 ☺ 집에서 하루 두 끼는 먹는 남편.
삼식이 새끼 ☺ 집에서 하루 세 끼 꼬박꼬박 챙겨 먹는 남편.

여자를 오리에 비유하면?

집에서 살림만 하는 여자 ☺ 집오리
돈 벌어오라고 바가지 긁는 여자 ☺ 탐관오리
직장 다니며 일, 이백은 버는 여자 ☺ 청둥오리
직장에서 연봉 1억 이상 받는 여자 ☺ 황금오리
용돈을 줘가며 바람피우는 여자 ☺ 어찌하오리
애인이 준 용돈을 살림에 보태 쓰는 여자 ☺ 아싸! 가오리

한글 띄어쓰기의 중요성

서울시 체육회 ☺ 서울 시체 육회
서울시 장애인 복지관 ☺ 서울시장 애인 복지관
무지개 같은 사장님 ☺ 무지 개 같은 사장님
게임하는데 자꾸만 져요. ☺ 게임하는데 자꾸 만져요.

엄마 새끼손가락은 유난히 작다. ☺ 엄마새끼 손가락은 유난히 작다.
　아저씨 발 냄새나요. ☺ 아 저 씨발 냄새나요.
　오늘 나온 분 말고 추가 확진자인가요? ☺ 오늘 나온 분말고추가 확진자인가요?

노년에 생기는 질환

갑자기 아내가 예뻐 보인다. ☺ 백내장
나도 모르게 아내에게 고분고분 애교를 떤다. ☺ 갑상선질환
아내와 달달한 커피가 마시고 싶다. ☺ 당뇨병
아내를 보면 가슴이 뛴다. ☺ 부정맥
자꾸 아내와 떨어져 걸어간다. ☺ 관절염
아내가 시키면 시키는 대로 한다. ☺ 치매
아내가 자꾸 천사처럼 느껴진다. ☺ 정신착란

아들의 등급

1등급 ☺ 공부도 잘한다.
2등급 ☺ 공부는 몰라도 몸은 건강하다.
3등급 ☺ 다른 건 몰라도 마음씨 하나는 착하다.
4등급 ☺ 꼭 지 애비 닮았다.

애인 버전

30대에 애인이 없으면 ☺ 1급 장애자.
40대에 애인이 없으면 ☺ 2급 장애자.
그런데 50대에 애인이 있으면 ☺ 가문의 영광.
60대에 애인이 있으면 ☺ 조상의 은덕.
70대에 애인이 있으면 ☺ 신의 은총.

초급, 중급, 고급

▶ 성형외과 의사
초급 ☺ 환자 견적 내다가 시간 다 간다.
중급 ☺ 환자 얼굴 10초만 쳐다보면 견적이 나온다.
고급 ☺ 쌍꺼풀은 서비스로 해준다.
▶ 절도범
초급 ☺ 어디가 돈 되는 집인지 모른다. 가끔 경찰관 집을 털다가 걸린다.
중급 ☺ 집 모양만 대충 봐도 재산이 얼마인지 안다.
고급 ☺ 개인 변호사가 있다.
▶ 커플매니저
초급 ☺ 중매 성공률이 저조하다.
중급 ☺ 스머프처럼 작은 키에 배가 튀어나온 남자만 아니면 100% 성공시킨다.

고급 ☺ 스머프도 결혼시킨다.
▶ 구직자
초급 ☺ 이력서 한 장을 쓰는 데 하루 종일 고민한다.
중급 ☺ 이력서 한 장쯤 10분이면 쓴다.
고급 ☺ 인터넷으로 이력서 써주고 돈 받는다.
▶ 폐인
초급 ☺ 손톱깎이 하나 찾으려면 방을 다 뒤집어야 한다.
중급 ☺ 눈 감고도 손톱깎이를 찾아낸다.
고급 ☺ 손톱을 안 깎는다.
▶ 친구
초급 ☺ 우정이 최고라 생각한다.
중급 ☺ 가끔은 돈 때문에 우정을 팔기도 한다.
고급 ☺ 친구들을 상대로 다단계를 시작한다.
▶ 군인
초급 ☺ 여자만 보면 환장한다.
중급 ☺ 할머니만 봐도 뒤집어진다.
고급 ☺ 신병이 여자로 보인다.

초등학생 답안지

▶ '(   )라면 (   )겠다.'를 문장으로 만드세요.
정답 ☞ '(내가 부자)라면 (오락기를 사)겠다.' 등등.
못 말리는 놈 ☺ '(컵)라면 (맛있)겠다.'

▶ 행진할 때 어느 쪽 발을 먼저 내밀까요?
정답 ☞ 왼발
못 말리는 놈 ☺ 앞발
▶ '미닫이'를 소리 나는 대로 쓰시오
정답 ☞ 미다지
못 말리는 놈 ☺ 드르륵
▶ 찐 달걀을 먹을 때는 (　　)을(를) 치며 먹어야 한다.
정답 ☞ 소금
일부 ☞ 간장, 식초 등등.
못 말리는 놈 ☺ 가슴

예술과 외설의 차이

① 보고 나서 눈물이 나면 예술, 군침이 돌면 외설.
② 애인과 같이 보면 예술, 친구와 함께 보면 외설.
③ 보고 마음의 변화가 생기면 예술, 몸의 변화가 생기면 외설.
④ 처음부터 다시 보면 예술, 주요 부분만 다시 보면 외설.
⑤ 화면 전체가 뿌옇게 처리되면 예술, 부분만 뿌옇게 처리되면 외설.
⑥ 비디오를 빌려줘서 돌아오면 예술, 안 돌아오면 외설.
⑦ 주말의 명화에 나오면 예술, 다섯 개 만원씩이면 외설.
⑧ 장면이 생각나면 예술, 제목만 생각나면 외설.
⑨ 감동이 상반신으로 오면 예술, 하반신으로 오면 외설.

가장 맛있는 집

한 골목에 음식점 세 개가 나란히 있다. 어디가 가장 맛있을까?
A 음식점 간판 ☞ 우리나라에서 가장 맛있는 집
B 음식점 간판 ☞ 세계에서 가장 맛있는 집
C 음식점 간판 ☞ 이 골목에서 가장 맛있는 집

한문 시간

교사가 '인과응보'라는 사자성어를 설명하고 있었다.
"인과응보라는 말은, 자기가 한 일에 대해선 그에 합당한 보상이 반드시 주어진다는 뜻이지. 쉽게 말해서 개를 죽이면 그다음 세상에서 개로 태어나고, 개미를 죽이면 그다음 세상에서 개미로 태어난다는 말이야."
그러자 한 학생이 질문했다.
"선생님, 그럼 사람을 죽이면 사람으로 태어나나요?"

파리와 모기의 차이점

▶ 먹이
파리 ☺ 사람의 눈을 피해 사람이 먹던 걸 노린다.
모기 ☺ 사람의 눈을 피해 사람 자체를 공격한다.

▶ 인간과의 관계

파리 ☺ 눈물 젖은 빵을 나눈 동지적 유대감이 변질된 혐오 관계.

모기 ☺ 피를 나눈 형제적 혈맹 관계가 무시되는 원수지간.

▶ 경쟁 상대

파리 ☺ 같은 집에 사는 근면한 바퀴벌레.

모기 ☺ 싱싱한 피만 노리는 헌혈차.

▶ 좋아하는 것

파리 ☺ 먹다 남은 음식물.

모기 ☺ 목욕할 때 노출되는 속살.

▶ 싫어하는 것

파리 ☺ 랩, 신문지, 보자기 등의 은폐용 포장재.

모기 ☺ 빨대에 걸리는 때, 혈중 알코올, 매우 두껍게 바른 화장 등.

▶ 그릴 때 주의사항

파리 ☺ 잘못 그리면 '매미'가 된다.

모기 ☺ 잘못 그리면 '새'가 된다.

▶ 피해 효과

파리 ☺ 파리 때문에 지각했다면 욕먹는다.

모기 ☺ 모기 때문에 병원 갔다면 걱정한다.

▶ 사망 시 특징

파리 ☺ 퍽~ 소리와 동시에 자기 피가 튄다.

모기 ☺ 찍~ 소리와 동시에 남의 피가 튄다.

▶ 용도

파리 ☺ 날개만 떼면 훌륭한 경주용 장난감으로 변신한다.

모기 ☺ 도대체 아무짝에도 쓸모가 없다.

▶ 분포 특징

파리 ☺ 전국 어디를 가나 똑같은 형태와 습성을 보인다.

모기 ☺ 군부대, 바닷가 등에서는 특별한 성능을 보유하기도 한다.

▶ 퇴치 비용

파리 ☺ 비교적 싸고 오래 쓴다. 신문지, 파리채, 끈끈이…….

모기 ☺ 주기적으로 돈이 든다. 모기향, 에프 킬라, 홈 매트…….

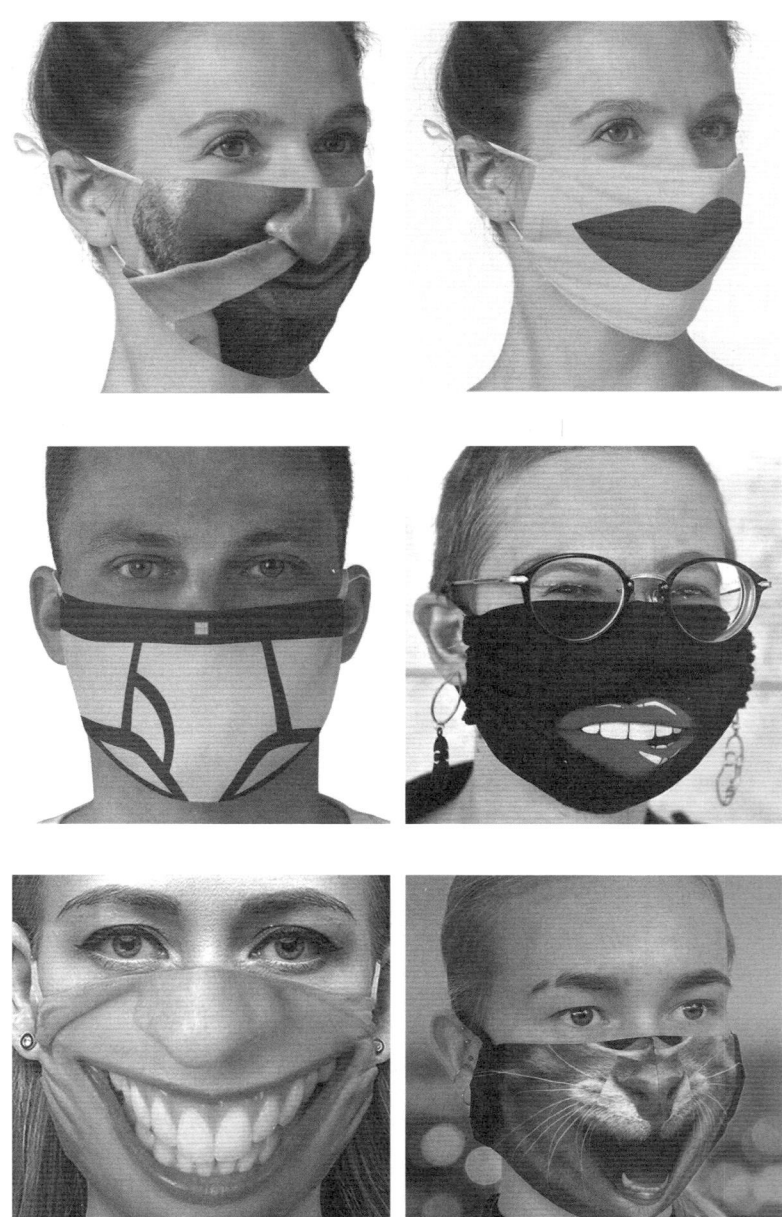

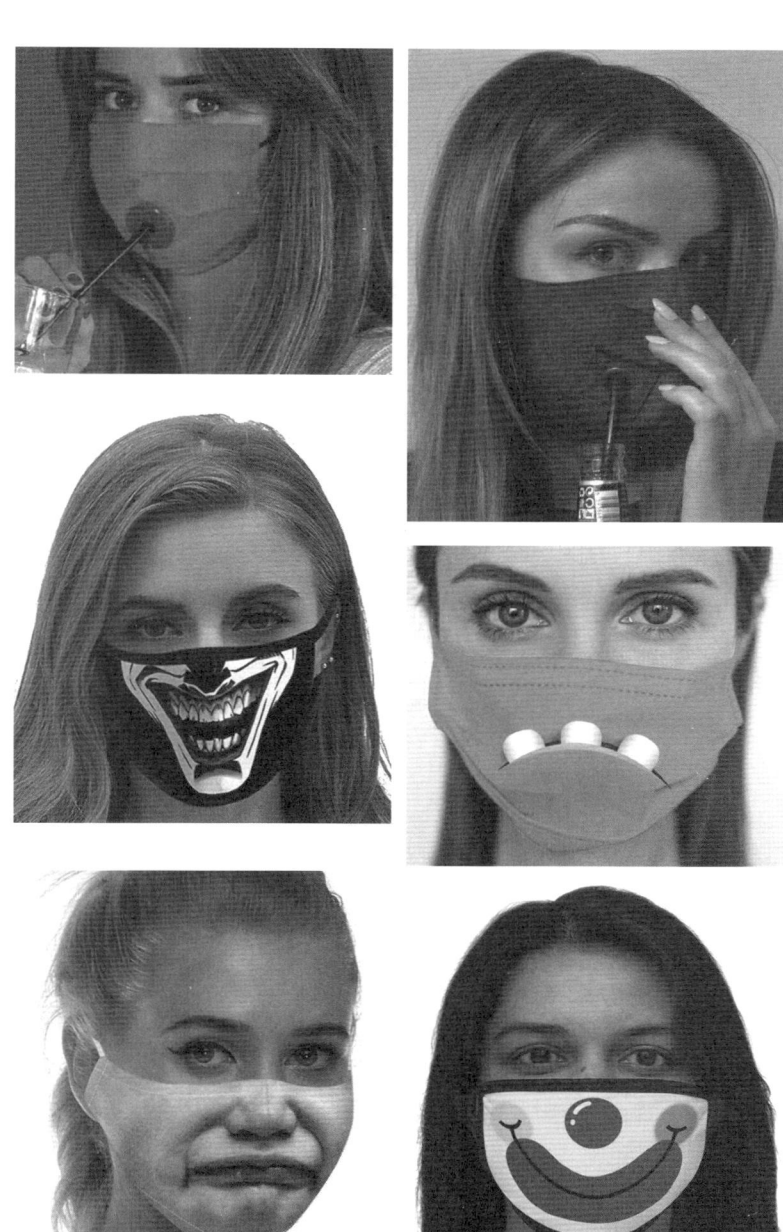

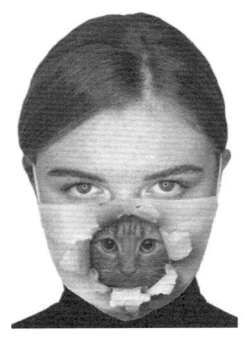  
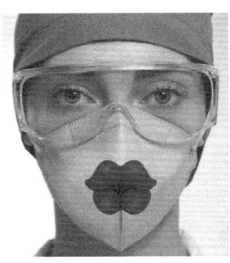 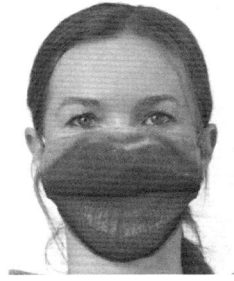 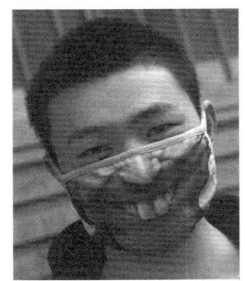
 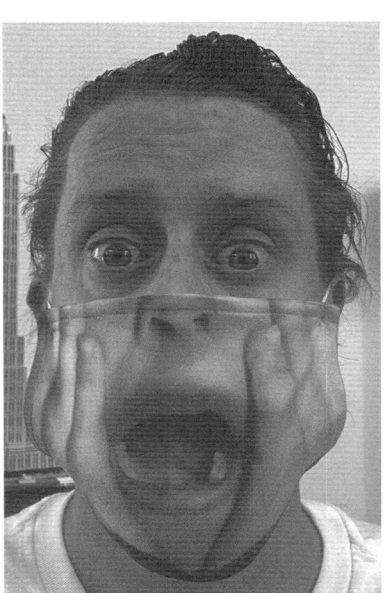

결혼기념일

결혼기념일에 나는 아내에게 어디를 가고 싶은지 물었다.
아내의 대답은 이러했다.
"그냥 오랫동안 안 가본 곳에 가고 싶어요."
나는 아내를 부엌으로 데리고 갔다.

늙은 게 더 좋아

중년 여성과 사랑에 빠진 부자 노인이 의사에게 물었다.
"내 나이를 열 살 줄여 육십 살이라고 말하면 혼사가 성사될 가능성이 더 크지 않을까요?"
그러자 의사가 대답했다.
"아니오. 오히려 본래 나이에 열 살을 더 보태 팔십 살이라고 하는 것이 더 좋을 것 같은데요."

경찰의 애원

추운 날 밤, 경찰이 다리에서 뛰어내리려는 사내를 난간에서 끌어내린 다음 설득을 시작했다.

"제발 내 사정 좀 봐줘요. 당신이 뛰어내리면 나도 뒤따라 뛰어들어야 해요. 이렇게 추운 날 밤에 물에 뛰어들었다가는 미처 구급차가 오기도 전에 얼어 죽을지도 모를 일 아닙니까? 게다가 나는 수영도 서투르니 빠져 죽을지도 몰라요. 그리고 난 아내와 자식 다섯이 딸린 몸이란 말이오. 그러니 제발 나를 생각해서라도 집에 가서 목을 매고 죽어달라는 말이오."

당돌한 여학생

여학생이 버스 안에서 졸고 있는데, 무섭게 생긴 아줌마가 옆으로 오더니 큰 소리로 말했다.

"요즘 애들은 버릇이 없어. 나이 많은 사람을 보면 자리를 양보해야지!"

여학생이 대들었다.

"아줌마가 할머니세요?"

화가 난 아줌마가 소리쳤다.

"아니, 이게 어디 어른한테 눈을 동그랗게 뜨고 대들어?"

여학생도 지지 않고 대꾸했다.

"그럼 사람이 눈을 동그랗게 뜨지 네모나게 떠요?"

걸인과 정치인의 공통점

1. 입으로 먹고 산다.
2. 거짓말을 밥 먹듯이 한다.
3. 정년퇴직이 없다.
4. 출퇴근 시간이 일정치 않다.
5. 사람이 많이 모이는 곳에 나타나는 습성이 있다.
6. 지역구 관리 하나는 똑소리 나게 한다.
7. 되기는 어렵지만, 되고 나면 쉽게 버리기 싫은 직업이다.
8. 현행 실정법으로 다스릴 재간이 없다.

국회의원과 마누라

▶ 공통점

하여간에 말이 많다.
내가 선택했지만 후회하고 있다.
바꾸고 싶지만 바꿔봐야 별수 없을 것 같아 참고 산다.
돈을 엄청 좋아한다.
내 돈을 쓰면서 항상 당당하고, 생색도 자기가 다 낸다.
할 일이 많아 바빠 죽겠다고 하는데, 매일 노는 것 같다.
가까이할 필요도 없지만 멀리할 수도 없다.
한번 단단히 혼내주겠다고 벼르다가도 막상 얼굴을 대하면 참고 만다.

말로는 도저히 상대가 안 된다.
그 앞에 서면 작아진다.
아는 체도 않다가 자기가 아쉬우면 헤헤 웃으며 아양을 떤다.
▶ 마누라가 국회의원보다 나은 점
밥은 해준다.
▶ 국회의원이 마누라보다 나은 점
4년마다 갈아치울 수 있다.

버르장머리 없는 아들

경상도에 사는 어느 부부가 초등학교에 다니는 아들과 함께 살고 있었다.
그런데 아들 녀석은 성격이 괴팍하고 버릇이 없는 데다 늘 욕을 달고 다녀, 부모 속을 여간 썩이는 것이 아니었다.
어느 날 아빠와 아들이 동네 대중목욕탕에 갔다.
아빠가 뜨끈뜨끈한 탕에 들어가서 아들을 불렀다.
"아, 시원하다! 너도 탕에 들어온나."
아빠 말을 들은 아들이 탕에 들어가려다가 기겁해서 나오며 말했다.
"씨이팔, 세상에 믿을 놈 하나도 없네!"
화가 난 아빠가 아들의 머리를 세게 한 대 쥐어박자, 옆에서 보고 있던 한 아저씨가 참견했다.
"애를 왜 그리 때리는교? 말로 달래시지……."

그러자 아들이 한마디 했다.

"마, 놔두소. 지 새끼 지가 때리는데 어쩌겠는교?"

목욕을 마치고 나온 다음, 아빠가 포장마차에서 붕어빵 다섯 개를 사서 세 개는 자신이 먹고 두 개를 아들에게 주었다.

다 먹고 난 후 아빠가 물었다.

"배부르제?"

아들이 대답했다.

"두 개 먹은 놈이 배부르면 세 개 먹은 놈은 배터지겠네!"

집에 들어가니 엄마가 반갑게 맞이하며 말했다.

"여보, 애 씻기느라 수고했어요. 빨리 들어와 식사해요."

이를 본 아들이 또 한마디 했다.

"나 참, 마누라 없는 놈은 어디 서러워 살겠나?"

남편과 대통령의 공통점

1. 내 손으로 골랐지만 참 싫다.
2. 뒤통수를 친다.
3. 안에서는 싸우고, 밖에서는 착한 척한다.
4. 약속을 지키지 않는다.
5. 아직도 내가 사랑하는 줄 안다.
6. 내 말은 죽어라 안 듣고, 자기 맘대로 하다 패가망신한다.
7. 헤어지려면 절차가 복잡하다.

코로나 시대와 방귀

어떤 여자가 길을 가다가 방귀를 뀌었다.
마침 뒤에서 오던 낯선 남자가 "에이 씨~." 하면서 투덜거렸다.
그러자 여자가 뒤를 돌아보더니 "들렸어요?" 하고 물었다.
남자가 무뚝뚝한 목소리로 "크게 들렸소!" 하고 대답했다.
그랬더니 여자가 도리어 "사회적 거리 두기를 안 지키셨네요."라며 핀잔을 주고는 "냄새도 났어요?" 하고 또 물었다.
남자가 어이없어 하면서 "지독한 냄새가 났소!"라고 대답하니까, 여자가 이번에는 힐난하는 듯한 표정으로 "마스크가 불량이네요."라고 말했다.

믿을 사람이 따로 있지

국회의원이 운전하는 고급 승용차가 빗길에 미끄러져 절벽 아래 논두렁에 추락했다.
같은 시각에 논을 살피러 나왔던 농부가 사고 현장을 목격했다. 농부는 땅을 파고 국회의원을 정성껏 묻어주었다.
며칠 뒤 파출소장이 그 길을 지나가다 부서진 승용차를 발견했다. 차적 조회를 해본 후 그 지역 국회의원 차라는 것을 알게 된 파출소장은 깜짝 놀라면서, 마침 그곳에 있던 농부에게 어찌 된 영문인지 아느냐고 물었다.
농부는 파출소장에게 사고가 난 경위와 국회의원을 묻어준

이야기를 소상하게 들려줬다.
파출소장이 농부에게 물어보았다.
"땅에 묻었다고요? 아니, 그렇다면 그 국회의원이 그 자리에서 즉사했다는 말입니까?"
농부가 심드렁하게 대답했다.
"뭐…… 자기는 살아 있다고 열심히 떠들어댔지만, 그 말을 믿을 수가 있어야죠."

우야몬 좋노?

잘 알고 지내던 베트남 여자와 한국 여자가 같이 등산을 갔다. 그런데 길을 잘못 들어 함께 늪에 빠지고 말았다.
두 여자는 그때 마침 근처를 지나가던 나무꾼을 발견하고, 두 팔을 허우적대며 크게 외쳤다.
"아저씨, 여기 좀 봐요! 살려주세요!"
황급히 달려온 나무꾼은 먼저 베트남 여자를 덥석 안아서 구해 주었다. 하지만 그런 다음에 한국 여자는 바라보고만 있을 뿐 구해 주질 않는 것이었다.
베트남 여자가 물었다.
"왜 저 여자를 구해 주지 않나요?"
그랬더니 나무꾼이 머리를 흔들며 말했다.
"한국 여자는 손만 잡아도 성추행 범으로 신고하는 통에 골치가 아파서요."

대학 나온 며느리

대학을 나온 외아들과 역시 대학을 나온 며느리와 함께 사는 부부가 있었다.

그러나 시어머니는 며느리가 하는 일이 마음에 들지 않아 잔소리를 자주 했고, 며느리는 그런 시어머니에 대한 불만이 점점 쌓여만 갔다.

하루는 시어머니의 잔소리를 듣다 못한 며느리가 발끈했다.

"어머님, 대학도 안 나왔으면서 말도 안 되는 잔소리는 그만하세요!"

시어머니는 아무런 대꾸를 하지 못했다.

그 뒤로 며느리는 시어머니가 뭐라고만 하면 "대학도 안 나왔으면서 그만하세요!" 하고 시어머니의 말을 자르곤 했다. 그러다 보니 시어머니는 어느새 며느리에게 구박받는 신세가 되고 말았다.

시어머니가 남편에게 하소연을 했다.

"며느리가 내가 대학을 안 나왔다고 너무 무시하네요."

시아버지가 며느리를 조용히 불러서 말했다.

"애야, 시집살이에 고생이 많지? 친정에 가서 오라고 연락할 때까지 푹 쉬어라."

친정에 간 지 한 달이 지나도 시아버지의 연락이 없자, 며느리가 먼저 전화를 했다.

"아버님, 저 이제 돌아가도 되나요?"

시아버지가 대답했다.

"네 시어머니가 대학을 졸업하거든 그때 오도록 해라."

할머니의 한숨

오랜만에 동창회 모임에 나갔던 할머니가 어두운 표정이 되어 일찍 집으로 돌아왔다. 그리고는 옷 갈아입을 생각도 하지 않은 채 소파에 앉아 연신 한숨만 내쉬었다.
"아이구~ 내 팔자야~!"
이 광경을 본 할아버지가 궁금해서 물었다.
"와 그라노? 누가 또 명품 백 자랑하드나?"
"아이다. 고마 말 시키지 마라."
"그라면 누가 해외여행 간다 카더나?"
"아니라는데, 와 자꾸 그라노?"
"아니면, 누가 자식이 용돈 많이 준다고 폼 잡드나?"
"아이 참, 아니라는데 왜 자꾸 묻노?"
"허 참~! 명품 백도 아니고, 해외여행도 아니고, 자식 용돈도 아니고…… 그럼 뭣 때문에 그라노?"
할아버지의 성화에 못 이겨, 마지못해 말문을 연 할머니.
"내 친구들은 영감이 다 죽었단다. 당신만 살아 있더라!"

부부 행복법

▶ 아내를 행복하게 만드는 방법
1. 안아준다.
2. 뽀뽀해 준다.

3. 명품 백을 사준다.
4. 요리를 한다.
5. 청소를 한다.
6. 빨래를 한다.
7. 처가에 잘한다.
8. 같이 쇼핑한다.
9. 함께 여행을 한다.
10. 사랑을 속삭인다.
11. 연락을 자주 한다.
12. 어깨를 자주 주물러 준다.
13. 아내의 고민을 들어준다.
14. 생일, 결혼기념일을 챙긴다.
15. 일찍 귀가한다.
등등…… 500여 가지가 넘는다.

▶ 남편을 행복하게 만드는 방법
1. 먹인다.
2. 재운다.
3. 가만히 둔다. 끝!

긴급 속보 (코로나 예방 수칙)

물 마실 때 너무 빨리 마시지 마십시오.
너무 급히 마시면 물이 '코로나' 온답니다.

진료를 받아야 할 때

프랑스에서는 코로나로 인해 자가 격리가 길어짐에 따라 정신과 문의도 많아지고 있다고 한다.

정신과 의사: 자가 격리 중에 벽이나 식물에게 말을 건네는 증상 정도는 괜찮습니다. 병원에 오지 않아도 됩니다.

격리 중인 사람: 저도 자주 그러는 편인데, 그러면 병원에는 언제 가야 하나요?

정신과 의사: 말을 건넸을 때 벽이나 식물이 대답을 하면, 그때는 진료 받으러 오셔야 합니다.

코로나 시대를 사는 부부의 고백

▶ 남편의 고백
· 아내가 어디 여행을 가고 싶어 하지 않는다.
· 아내는 아무것도 쇼핑을 하지 않는다. 중국산 짝퉁도, 국내산 실용품도, 이탈리아산 명품도…….
· 아내는 감염이 무서워서 외식도, 극장도 가지 않는다.
· 가장 좋은 건, 아내가 하루 종일 마스크를 쓰고 있어서 잔소리를 하지 않는다는 점이다.
☺ 코로나는 단순 바이러스가 아니다. 이건 축복이다!

▶ 아내의 고백
· 일단 남편이 친구들과 돈 안 쓰고, 술도 안 마시고 일찍

집으로 기어들어온다.
　・장을 못 보는 걸 아니까 대충 먹여도 감사하단다.
　・어디 놀러가자고 졸라대지도 않는다.
　・남편은 내가 못 나다니니까 쇼핑을 안 하는 줄 안다. 인터넷으로 열나 질러대도 모른다. 가방도, 옷도, 신발도, 음식도……남편 없는 시간에 배달되니까.
　・남편은 내가 감염이 무서워 집에만 있는 줄 안다. 낮에 몰래 나갔다 오는 줄은 꿈에도 의심하지 않는다.
　・가장 좋은 건, 내가 하루 종일 마스크를 쓰고 있는 까닭을 코로나 때문이라고 믿는다. 성형수술 한지도 모르고…….
　☺ 코로나 바이러스는 내게 최고의 선물이다!

까불지 마라, 웃기지 마라

　예전에는 아내가 며칠 동안 집을 비우게 되면, 남편의 끼니를 걱정해 곰국을 끓여놓았단다.
　하지만 요즘 아내들은 곰국은 고사하고, '까불지 마라'라는 글씨를 싱크대에 떡 써 붙여놓고 여행을 떠난다고 한다.
　까: 가스(가스) 조심하고,
　불: 불조심하고,
　지: 지퍼 함부로 내리지 말고,
　마: 마누라에게 전화하지 말고,
　라: 라면 잘 끓여 먹고 있어라!

그런데 요즘 남편들 또한 지지 않고, 이에 대해 '웃기지 마라'라고 대답한다고 한다.

웃: 웃음이 절로 나오고,
기: 기분이 너무 좋고,
지: 지퍼는 내가 알아서 내릴 것이고,
마: 마누라한테 전화할 시간도 없네.
라: 라면 좋아하시네. 호텔에서 뷔페 먹고 있다!

개와 닭의 대화

어느 날, 부정축재로 큰 부자가 된 집에서 키우는 개와 닭이 대화를 나누고 있었다.

개: 요즘 넌 아침이 되었는데도, 왜 울지 않니?
닭: 자명종이 있는데, 내가 울 필요가 없잖아. 그런데 너는 도둑이 들어와도, 왜 짖지 않니?
개: 도둑이 집 안에도 있는데, 굳이 짖을 필요가 있어?

정신 나간 여자 셋

며느리를 딸로 착각하는 여자.
사위를 아들로 착각하는 여자.
며느리의 남편을 아직도 내 아들로 착각하는 여자.

상사병

"의사 선생님! 어지럽고, 일도 손에 잡히지 않고, 현실에서 도망치고 싶고, 불안하고 그렇습니다. 무슨 병인가요?"
"상사병입니다."
"네? 사랑에 빠진 건가요?"
"아뇨. 직장 상사가 원인인 병, 상사병입니다."

조폭과 아줌마의 공통점

조폭과 아줌마의 공통점 세 가지가 뭔지 아세요?
첫째, 칼을 잘 다룬다는 점입니다.
둘째, 자기들끼리 '형님'이라는 말을 자주 쓴다는 점입니다.
셋째, 떼를 지어 몰려다니는 경우가 많다는 점입니다.

국민학생과 초등학생의 차이

▶ 장래 희망
국민학생: 대통령, 의사, 변호사.
초등학생: 경찰, 소방관, 운동선수, 연예인, 프로게이머.
▶ 부모님의 가장 무서운 벌
국민학생: (달랑 팬티만 입힌 채) "나가!"

초등학생: "너 오늘부터 컴퓨터 하지 마!"

▶ 방과 후 가는 곳

국민학생: 놀이터 또는 동네 공터.

초등학생: 컴퓨터 학원, 피아노 학원, 게임방 찍고 다시 영어 학원.

▶ 집에서

국민학생: 어머니의 가사 일을 도와드린다.

초등학생: 엄마가 학교 숙제를 도와준다.

▶ 맞춤법에 대한 생각

국민학생: 당연히 올바르게 써야 한다고 생각한다.

초등학생: 구게 몬뒈?

▶ 가장 좋아하는 음식

국민학생: 짜장면.

초등학생: 햄버거, 피자, 스파게티 등등.

▶ 받고 싶은 선물

국민학생: 인형, 로봇 장난감.

초등학생: 휴대전화, 게임기.

▶ 즐겨 하는 게임

국민학생: 벽돌 깨기, 갤러그.

초등학생: 포트리스, 스타크래프트, 리니지.

▶ 유행하는 놀이

국민학생: 땅따먹기, 자치기, 딱지치기, 구슬치기, 팽이, 공기, 고무줄놀이.

초등학생: 고딩 놀이, 왕따 놀이.

▶ 존경하는 인물
국민학생: 이순신, 세종대왕, 아버지.
초등학생: 연예인.
▶ 성(性)적 호기심
국민학생: 성인 잡지 보다가 들켜서 혼난 적이 있다.
초등학생: 고화질 & 풀 버전 찾아다닌다.
▶ 출생에 관한 생각
국민학생: 엄마 배꼽에서 나온 줄 알았다.
초등학생: 나도 제왕절개 했을까?

아내의 속마음

암에 걸려 투병 중인 남편 옆에서 아내가 친척에게 편지를 쓰고 있었다.
그런 아내를 지그시 쳐다보던 남편이 말했다.
"여보, 나 아무래도 가망 없겠지?"
"여보, 그게 무슨 소리예요? 당신은 분명히 나을 수 있어요. 긍정적인 마음을 갖는 게 무엇보다 중요해요."
"그, 그래? 내가 나으면 우리 함께 여행 가자고."
"그래요."
아내는 계속 편지를 쓰다가 말했다.
"여보, 장례식의 '장'은 한자로 어떻게 쓰는 거예요?"

아내에게 맞은 이유

눈두덩이 시퍼렇게 멍든 남자들이 병원에 줄줄이 입원했습니다. 하나같이 아내한테 얻어맞았다고 합니다.

40대 남자는 아내가 남친과 카톡하는데 쳐다봤다고 맞았답니다.

50대 남자는 아내에게 "오늘 반찬은 뭐야?" 하고 물어봤다가 맞았답니다.

60대 남자는 아내가 화장하는 것을 보고 "누구 만나러 가?" 하고 물어봤다가 맞았답니다.

70대 남자는 아내가 여행 가는데 "어디로 가?" 하고 물어봤다가 맞았답니다.

80대 남자는 집 안에서 오다가다 하는 중에 아내와 눈이 마주쳤다고 맞았답니다.

90대 남자는 죽지 않고 아침에 눈을 떴다고 맞았답니다.

40대 주부

부인 1: 매일 어딜 그렇게 다니세요?
부인 2: 저요? 남편이 반찬이 맛없다는 얘기를 자주 해서 학원엘 좀 다녀요.
부인 1: 아~ 요리학원에요?
부인 2: 아뇨, 유도 학원에요. 불평하면 던져 버리려고요.

남편이 불쌍하다고 느껴졌을 때

남편을 독살한 여자를 검사가 심문하고 있었다.
검사: 남편이 독이 든 커피를 마실 때 양심의 가책을 조금도 못 느꼈나요?
여자: 조금 불쌍하다고 느껴진 적은 있었죠.
검사: 그때가 언제였죠?
여자: 커피가 맛있다며 한 잔 더 달라고 했을 때요.

사위 시험을 본 장모

한 장모가 세 명의 사위 중에서 누가 가장 자신을 위하는지 시험해 보기로 했다.

장모는 먼저 첫째 사위를 데리고 강가에서 산책을 하다가, 발을 헛디딘 척하며 스스로 강물에 빠졌다. 첫째 사위는 망설임 없이 강물에 뛰어들어 장모를 구했다.

다음 날 첫째 사위의 집 앞에는 '자네의 장모로부터'라는 메모와 함께 BMW 승용차가 세워져 있었다.

다음으로 장모는 둘째 사위를 마찬가지 방법으로 시험해 보았다. 둘째 사위도 어김없이 장모를 구했다.

다음 날 둘째 사위의 집 앞에도 첫째 사위에게 보낸 것과 같은 메모와 승용차가 세워져 있었다.

마지막으로 셋째 사위의 차례. 장모가 역시 강물에 빠졌는데 전혀 생각지도 못한 일이 벌어지고 말았다. 셋째 사위는 허우적대는 장모를 그냥 내버려두고 가 버린 것이다.

　장모의 장례가 끝나고 일주일 뒤, 셋째 사위의 집 앞에는 롤스로이스 승용차가 세워져 있었다. 그리고 다음과 같은 메모가 붙어 있었다.

　'자네의 장인으로부터'.

아이와 정치인

　▶ 아이들은 어렸을 적에는 다들 토실토실, 동글동글해서 얼굴이 모두 비슷해 보인다.

　정치인들도 하나같이 투실투실, 번들번들.

　▶ 아이들은 유치원에 모여서 지낸다.

　정치인들은 국회라는 곳에 모여서 하루 종일 논다.

　▶ 아이들은 부모로부터 "아이고, 우리 강아지."라는 소리를 듣는다.

　정치인들은 국민으로부터 "저런 개××."라는 소리를 듣는다.

　▶ 아이들은 말이 안 되는 소리를 하고 있는 것 같으나, 유심히 들어보면 말이 된다.

　정치인들은 말이 되는 소리를 하고 있는 것 같으나, 유심히 들어보면 말이 안 된다.

　▶ 아이들은 그저 먹고, 놀고, 자고, 싼다.

　정치인들은 그저 먹고, 놀고, 자고, 싸운다.

악몽

부부가 잠을 자고 있었는데, 남편이 갑자기 소리를 지르면서 벌떡 일어났다.
식은땀을 줄줄 흘리는 남편을 보고 아내가 물었다.
"당신, 왜 그래요?"
"끔찍한 악몽을 꿨어."
"무슨 꿈인데요?"
"김태희와 당신이 서로 나를 차지하려는 꿈이었어."
"그게 왜 악몽이에요?"
"결국 당신이 이겼거든."

빌려준 돈 받는 법

남자가 변호사에게 상담을 청했다.
"이웃집 사람이 오십만 원을 빌려갔는데, 안 빌렸다고 우기면서 갚지를 않아요. 좋은 방법이 없을까요?"
"뭔가 차용증 같은 것을 썼나요?"
"아니요."
"그럼 오백만 원을 갚으라고 문자를 보내세요."
"빌려간 돈은 오십만 원인데요?"
"맞아요. 때문에 그 사람이 '오십만 원밖에 안 빌렸는데 뭔 소리냐?'라고 답장을 할 거요. 그러면 그게 증거가 될 겁니다."

처방전

약국에 온 여자가 독약인 비소를 달라고 했다.
"비소를 무엇에 쓰실 건데요?"
약사가 물었다.
"남편인 그 문디 자슥을 죽이려고요."
여자가 대답했다.
"그런 목적에 쓰실 거라면 팔 수 없습니다."
그러자 여자가 핸드백에서 사진 한 장을 꺼냈는데, 그녀의 남편과 약사의 아내가 간통하고 있는 장면을 촬영한 것이었다.
사진을 찬찬히 들여다본 약사가 말했다.
"손님…… 처방전을 가지고 온 줄 미처 몰랐네요. 당장 드리겠습니다."

부부의 잠자리 모습

20대 부부 ☺ 포개져서 잔다.
30대 부부 ☺ 마주 보고 잔다.
40대 부부 ☺ 천장 보고 잔다.
50대 부부 ☺ 등 돌리고 잔다.
60대 부부 ☺ 각 방에서 따로따로 잔다.
70대 부부 ☺ 서로 어디서 자는지도 모르고 잔다.

화장의 세대론

10대는~ 치장   20대는~ 화장
30대는~ 분장   40대는~ 변장
50대는~ 위장   60대는~ 포장
70대는~ 환장   80대는~ 끝장

늙어서 필요한 것

여자의 경우
① 돈 ② 딸 ③ 건강 ④ 친구 ⑤ 찜질방
남자의 경우
① 부인 ② 아내 ③ 집사람 ④ 와이프 ⑤ 애들 엄마

한국 비둘기의 어제와 오늘

1. 예전에는 모여 있을 때 발소리를 '탁' 하고 내면 다 날아올랐지만 요즘에는 소리를 내도 가만히 고개만 돌려서 쳐다본다.
2. 예전에는 날씬하고 깨끗한 몸매(?)로 평화의 상징이라고 불렸지만, 요즘에는 먹고 또 먹고 해서 '닭둘기'라고 불린다.
3. 예전에는 멀리서 자동차 소리만 들려도 다 날아갔지만, 요즘에는 자동차가 가까이 올 때까지 기다렸다가 걸어서 피한다.

4. 예전에는 저공(低空), 고공(高空) 할 것 없이 비행을 즐겼지만, 요즘에는 귀찮아서 날지 않고 뒤뚱뒤뚱 걸어만 다닌다.

5. 예전에는 모이를 주면 모여들었지만, 요즘에는 모이를 달라고 모여든다.

지하철 좌석의 정원

① 보통 때는 7인용.
② 아줌마가 먼저 앉아 있을 때는 6인용.
③ 아줌마가 나중에 앉을 때는 8인용.
④ 예쁜 미인이 앉아 있을 때도 8인용.

모기의 식중독

어느 날 모기가 식사 후 배가 아파서 병원에 갔다.
의사 모기가 문진을 하며 물어보았다.
의사 모기: 오늘 식사를 어디에서 했나요?
환자 모기: 국회의사당에서 했습니다.
의사 모기: 저런! 그러면 그들의 피를?
환자 모기: 네, 그런데요.
의사 모기: 백 퍼센트 식중독이에요. 다음부터는 조심하세요. 불량식품이에요.

남자의 노화지수

식당에서 물수건을 사용하는 방법에 따라……
30대 남자: 손만 닦는다.
40대 남자: 손 닦고 입까지 닦는다.
50대 남자: 이마와 목까지 닦는다.
60대 남자: 얼굴 전체를 닦고 코까지 푼다.

선배와 꼰대의 차이

선배: 후배야, 선배와 꼰대의 차이를 아냐?
후배: 모르겠는데요.
선배: 선배는 후배가 물어보는 것만 말하고, 꼰대는 안 물어본 것도 말하는 거다.
후배: 네. 그런데 저 안 물어봤는데요…….

사기의 특성

판사: 어떻게 당신을 믿는 사람들을 상대로 사기를 칠 수가 있었나요?
죄수: 저를 믿지 않는 사람들은 사기를 당할 일이 없기 때문입니다.

미래의 정치인

아내: 우리 아들 녀석, 커서 뭐가 될 것 같아요?
남편: 녀석은 틀림없이 정치판에 뛰어들 거요.
아내: 어째서 그렇게 생각하세요?
남편: 그럴싸하게 들리지만, 아무 알맹이 없는 소리만 지껄이잖아요.

치매 예방에 좋은 퀴즈 셋

퀴즈 ①
우리는 있고, 나는 없다. 국민은 있고, 대통령은 없다. 기업은 있고, 사장은 없다. 하나는 있고, 둘은 없다. 과연 이것은 무엇일까?

퀴즈 ②
수박, 사과, 배, 귤을 잔뜩 싣고 달리던 트럭이 갑자기 멈추었다. 이때 떨어진 것은 무엇일까?

퀴즈 ③
물은 있고, 불은 없다. 갓은 있고, 상투는 없다. 백은 있고, 흑은 없다. 이것은 무엇일까?

정답 ① 은행
　　　② 기름
　　　③ 김치

대통령과 정신병원

대통령이 하루는 정신병원에 시찰을 갔다. 모든 환자가 복도에 일렬로 서서 큰 소리로 외쳤다.
"대통령 만세! 대통령 만세!"
그런데 유독 한 명의 환자만은 대통령을 외면한 채 무표정하게 있었다. 그를 발견한 대통령이 병원 원장에게 물었다.
"저 환자는 왜 나를 환영하지 않는 거죠?"
원장이 말했다.
"저 환자 정신 상태가 오늘은 아주 정상이거든요."

흠 있는 유일한 곳

한 정치인이 화려한 대저택을 지었다.
정치인은 자랑을 하고 싶어서 이름이 알려진 철학자를 초대해 집 안 여기저기를 구경시켜 주었다.
"둘러보신 소감이 어떻습니까?"
정치인이 흐뭇한 표정으로 묻자, 철학자가 갑자기 정치인의 얼굴에 침을 탁 뱉는 것이 아닌가.
"아니, 이게 무슨 짓입니까!"
정치인이 크게 화를 내자, 철학자가 말했다.
"집이 어찌나 흠잡을 데 없이 화려한지, 침 뱉을 곳이라곤 당신 얼굴뿐이군요."

인 질

『뉴스 특보를 말씀드리겠습니다.
　테러범들이 지금 국회의사당을 점령한 채 많은 수의 국회의원을 인질로 잡고 있다는 소식이 들어왔습니다.
　그들은 자기들의 요구가 관철되지 않으면 한 시간에 한 명씩 국회의원들을 풀어주겠다고 협박하고 있다고 합니다.』

대단한 정치인

　기업인과 교수, 그리고 정치인 세 사람이 오지를 여행하다 숲에서 길을 잃었다. 얼마 후 세 사람은 자그마한 농가를 발견하고는 하룻밤만 재워달라고 부탁했다.
　농가 주인 부부가 미안한 표정을 지으며 대답했다.
　"우리 집엔 두 분이 주무실 방밖에 없어요. 그러니 한 분은 외양간에서 가축들과 주무셔야 하겠는데요."
　"내가 외양간에서 자죠."
　기업인이 자원하고 나섰다. 그런데 10분쯤 지났을 때 기업인이 숨을 헐떡이며 돌아와 말했다.
　"도저히 그 냄새를 못 견디겠어요."
　"좋아요. 그럼 내가 거기서 자죠."
　이번에는 교수가 나갔다. 하지만 교수도 얼마 지나지 않아 오만상을 찌푸리며 돌아왔다.

"외양간 냄새는 정말 못 참겠어요."
그러자 정치인이 나섰다.
"내가 외양간에서 자겠소."
잠시 후 문밖에서 요란한 소리가 났다.
두 사람이 나가 보니 외양간의 짐승들이 죄다 나와 문 앞에서 헛구역질을 하고 있었다.

개와 국회의원의 공통점

무슨 말을 해도 결국 개 소리다.
가끔 주인을 못 알아보고 짖거나 덤빌 때가 있다.
미치면 약도 없다.
먹을 것만 주면 아무나 좋아한다.
매도 그때뿐 옛날 버릇은 고칠 수 없다.
자기 밥그릇을 절대 뺏기지 않으려는 습성이 있다.

한 정치인의 영어시험 답안지

문제 ① I am sorry.
　　답: 나는 소리다.
문제 ② Yes, I can.
　　답: 그래, 난 깡통이다.

문제 ③ What is your name?
　　　답: 왓이 네 이름이냐?
문제 ④ May I help you?
　　　답: 5월에 내가 너를 도와줄까?
문제 ⑤ I am fine, and you?
　　　답: 나는 파인주스, 너는?
문제 ⑥ Love is long.
　　　답: 사랑하지롱!
문제 ⑦ Nice to meet you!
　　　답: 오냐, 너 잘 만났다!
문제 ⑧ How do you do?
　　　답: 네가 어떻게 그럴 수 있니?
문제 ⑨ See you later!
　　　답: 두고 보자!
문제 ⑩ '아, 저 말입니까?'를 영작하시오.
　　　답: Am I a horse?

명 변호사

한 변호사는 어디에 가든지 자기가 변호한 사람 치고 석방 안 된 사람이 없다고 주장하고 다녔다.
사건 의뢰인에게 그는 늘 이렇게 큰소리쳤다.
"아무리 최악의 경우라도 만기 석방으로 다 풀려나왔습니다!"

번지수가 틀렸어요

한 부부가 성격 차이로 자주 싸웠다.
하루는 개를 데리고 산책을 나간 남편이 이틀이 지나도 돌아오지 않자, 아내가 파출소를 찾아갔다.
"혹시 교통사고를 당했을지도 모르니 빨리 좀 찾아주세요."
경찰이 아내를 진정시킨 후 남편의 인상착의에 대해 꼬치꼬치 묻자, 아내가 말했다.
"저는 남편을 찾으러 온 게 아니라 개를 찾으러 온 거라고요!"

재산 분배

재산을 안 주면 맞아 죽고,
반만 주면 시달려 죽고,
다 주면 굶어 죽는다.

대통령 우표

어느 대통령이 자신의 얼굴이 담긴 우표를 발행하라고 지시한 후 판매 현황을 알아보기 위해 우체국을 방문했다.
"요즘 내 우표 잘 나갑니까?"
"별로요. 우표가 잘 붙지 않는다고 고객들 불만이 큽니다."

그 말을 들은 대통령이 직접 우표 뒤에 침을 발라 붙여봤다.
"아주 잘 붙는데요?"
우체국 직원이 머뭇거리다 말했다.
"고객들은 앞면에다 침을 바릅니다."

한국인 관광객

한국인 관광객이 미국을 여행하다 심각한 교통사고를 당했다. 관광객은 피를 흘리며 쓰러졌고, 구급차와 경찰차가 왔다.
미국 경찰이 급히 달려와 한국인에게 물었다.
"How are you?"
한국인 관광객은 힘들게 입을 열어 이렇게 대답했다.
"I'm fine thank you. And you?"

가슴이 뻥 뚫리는
사이다 유머

1판 5쇄 인쇄 | 2025년 05월 15일
1판 5쇄 발행 | 2025년 05월 20일

지은이 | Fun 유머연구회
펴낸이 | 윤옥임
펴낸곳 | 브라운힐

서울시 마포구 토정로 214 (신수동 388-2)
대표전화 (02)713-6523, 팩스 (02)3272-9702
등록 제 10-2428호

© 2025 by Brown Hill Publishing Co. 2025, Printed in Korea

ISBN 979-115825-11-54 03810
값 15,000원

*무단 전재 및 복제는 금합니다.
*잘못된 책은 바꾸어 드립니다.